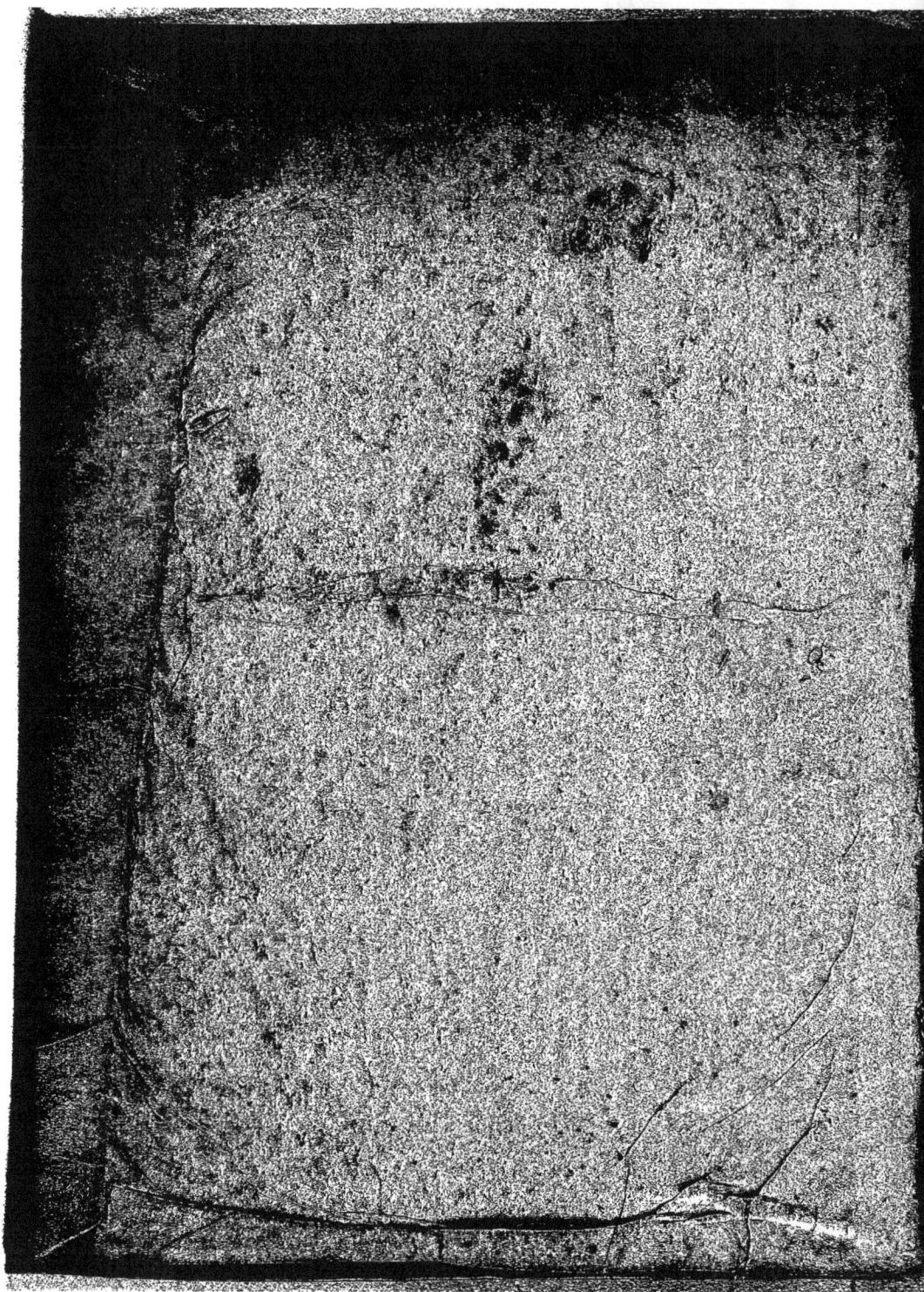

TRAITÉ DE MVSIQVE,

REVEV ET AVGMENTÉ DE Nouueau d'vne quatrieſme Partie, laquelle (outre tous les Exemples des principales Regles pratiquées par les plus excellents Autheurs) Contient de plus la maniere de Compoſer à deux, à trois, à quatre, & à cinq Parties, auec les plus importantes Obſeruations qui ſe doiuent garder en toute ſorte de Muſique, tant Vocale qu'Inſtrumentale, conformément aux Ouurages des plus rares & des plus celebres Maiſtres de ce bel Art.

Par le Sieur DE LA VOYE MIGNOT.

SECONDE EDITION.

A PARIS,
Par ROBERT BALLARD, ſeul Imprimeur du Roy pour la Muſique.

M. DC. LXVI.
AVEC PRIVILEGE DV ROY.

AVANT-PROPOS.

AYANT esté autrefois prié par des personnes de tres-haute Condition, de leur donner quelques moyens pour paruenir à la connoissance de la Musique, je me trouuay obligé par mon deuoir & par l'estime qu'ils faisoient de ce bel Art, de satisfaire selon mon pouuoir à ce qu'ils desiroient de moy: Ie m'aduisay donc d'en dresser des Regles qui s'enchaisnassent les vnes auec les autres en sorte qu'elles ne fussent pas fort difficiles à comprendre, & cela me reüssit si bien, que ces Messieurs qui n'en auoient aucun Principe, se rendirent en peu de temps capables de faire des choses qui ont esté trouuées (au jugement mesme des plus fins) fort excellentes.

I'ay donc crû qu'en mettant ces mesmes Regles au jour, je pourrois contribüer beaucoup à la curiosité de ceux qui desirent apprendre, & qui n'ont pas tousiours des Maistres pour se faire instruire.

Dans le dessein de ce present Traité, je suppose vne personne qui n'ait aucune teinture de la Musique, & pretends la conduire (moyennant vn peu d'ayde & d'application) comme par degrez à la connoissance des principales Regles qui seruent à la Composition, tant pour les Voix que pour les Instruments.

La Premiere Partie de ce Liure, traite de la Methode d'apprendre à connoistre & à chanter les Nottes de chaque Partie en toutes sortes de Mesures.

Ce n'est pas qu'il n'y ayt encore d'autres Methodes fort bonnes & que j'approuue beaucoup; mais il me semble que celle dont je traite s'est renduë la plus commune par l'vsage.

La Seconde Partie traite des principes de la Composition, du Contrepoint simple, des fausses Relations, de la façon de coucher les Consonnances les vnes auec les autres, & le tout dans la rigueur des Regles, comme veulent ceux qui nous les ont prescrites.

La Troisiesme Partie traite du Contrepoint figuré, de la maniere de sauuer les Dissonances tant Syncopées que non-Syncopées, de la Syncope, de la Fugue, & Contre-Fugue, & enfin de tout ce qui peut embellir & perfectionner la Musique.

La Quatriesme & derniere Partie contient les Maximes necessaires pour faire vne belle Musique, & la maniere de Composer à deux, à trois, à quatre, & à cinq Parties, *tant pour les Voix que pour les Instrumens, auec les Obseruations qui se doiuent garder conformément aux Ouurages des plus rares & des plus celebres Maistres de ce bel Art.*

Les exemples que je fais voir, & qui sont dans l'estroitte rigueur, ne doiuent estre considerez (ce me semble) que dans la simple Harmonie, & non pas en toute sorte de Musique, ny en toutes rencontres, parce que ce seroit se rendre esclaue de certaines obseruations, qui n'ont pour fondement que l'opinion de ceux qui les ont faites.

Ce n'est pas neantmoins qu'elles soient à rejetter, en sorte que de ne s'en seruir que selon son caprice; mais il y a tousiours raison de ne les pas garder quand on peut faire quelque chose de meilleur.

Ie sçay bien que certains Superstitieux ne seront pas de mon aduis, parce qu'ils croyroient commettre vn crime s'ils sortoient le moins du monde des Regles dont ils font des Loix.

Il y en a qui font tout au contraire, qui se peuuent nommer Libertins, car ils s'éloignent tellement de l'obseruation des Regles qu'on peut douter s'ils en ont la moindre connoissance.

Il s'en trouue d'autres bien intentionnez, qui sont entre les Superstitieux & les Libertins, qui ont beaucoup de belle disposition, mais faute de connoissance ils sont tousiours en doute de ce qu'ils doiuent faire.

C'est particulierement à ces derniers que les Regles, les Maximes, & les Obseruations dont je parle en ce present Traité sont tout à fait necessaires, & je m'imagine qu'elles ne seront pas encore inutiles aux autres s'ils s'en veulent seruir.

PREMIERE

PREMIERE PARTIE
DV TRAITE'
DE MVSIQVE.

De la definition de ce mot de Muſique.

CHAPITRE I.

CE mot de Muſique pris dans ſa plus naïue ſignification, n'eſt autre choſe qu'vne difference de ſons graues & aigus, qui ſe fait par pluſieurs & differentes voix, ou par l'attouchement de diuerſes ou pluſieurs cordes enſembles.

Quelques-vns qui ont cherché ſon Ethymologie tiennent que ce mot vient de Moyſicos, qui ſignifie le doux murmure des eaux. D'autres qui ſemblent auoir mieux rencontré veulent qu'il prenne ſon nom des neuf Muſes, dautant qu'elles chantoient.

Il y à trois eſpeces de Muſique; l'vne qui ſe fait par les Inſtruments à vents, l'autre qui ſe fait par les Inſtruments à cordes, & la troiſieſme qui ſe fait par le ſon de la voix.

Toute Musique se peut appeller Symphonie, Harmonie, Melodie, ou Concert.

La Musique ne se peut exprimer que par le moyen du Chant, & le Chant n'est à proprement parler qu'vne suitte de sons, ou de nottes par degrez conjoints, ou par interualles raisonnables dans l'estenduë d'vn Diapason, qui quelquefois se replique en vne seule & mesme partie, tant par les voix que par les Instruments.

Le Chant se peut dire encore vne juste & agreable varieté de sons, mais seulement considerez dans vne seule partie.

Comme toutes les choses ne se peuuent parfaitement connoistre que par leurs principes, il est à propos de parler de la Game, qui est le premier, & qui contient en soy tous les fondements de la Musique.

La Game.

E		mi	la	
D	la	re	ſol	
C	ſol	vt	fa	Clef de
B	fa	♮	mi	
A	mi	la	re	
G	re	ſol	vt	Clef de
F	vt	fa		Clef de

Lettres. Voix par ♭ mol. par Nature. & par ♮ quarre.

Explication de la Game, & à quoy la connoiſſance d'icelle eſt neceſſaire.

CHAPITRE II.

POur ne m'arreſter point aux curioſitez inutiles touchant le mot de Game, je dis qu'elle ſert particulierement à connoiſtre les propres noms de toutes les nottes, qui ſont les élements de la Muſique vocale, & qu'elle eſt comme vne Eſchelle pour monter & deſcendre auſdittes nottes, ſelon qu'elles ſe preſentent, en obſeruant neanmoins la poſition des Clefs.

En la Gamme il y a trois colonnes ou trois ordres, aſſauoir l'ordre de ♭ mol, celuy de Nature, & celuy de ♮ quarre: dans leſquels trois ordres, les dix-huict nottes contenuës en la Gamme ſe diſtribuent. Six en l'ordre de ♭ mol, qui ſe prennent depuis l'vt d'F vt fa en montant, juſques au la de D la ré ſol. Six en l'ordre de Nature, qui ſe prennent depuis l'vt de C ſol vt fa en montant, juſques au la d'A mi la ré. Et ſix en l'ordre de ♮ quarre, qui ſe prennent depuis l'vt de G ré ſol vt en montant, juſques au la d'E mi la.

Encore que chacun de ces trois ordres comprenant en ſoy toutes les nottes de la Muſique, ſemble deuoir en ſon particulier compoſer vne eſpece de Muſique, & de cette façon faire trois eſpeces differentes, aſſauoir l'vne par ♭ mol, l'autre par Nature, & la troiſieſme par ♮ quarre: Neanmoins comme la parfaitte harmonie demande l'eſtenduë d'vne Octaue où plus, qui ne ſe peut rencontrer dans celle de ſix nottes: on ne ſçauroit eſtablir de ces trois ordres que deux eſpeces differentes, aſſauoir celle par ♭ mol & celle par ♮ quarre, laiſſant l'ordre de Nature comme neutre, pour ayder à ce qui manque aux deux autres ſuſdits, dans l'eſtenduë neceſſaire à la parfaitte harmonie: tellement que l'on paſſera de ♭ mol en Nature, & de Nature en ♭ mol, comme auſſi de ♮ quarre en Nature, & de Nature en ♮ quarre, ſans que l'on puiſſe confondre le ♭ mol auec le ♮ quarre, ny le ♮ quarre auec le ♭ mol, ſi ce n'eſt par accident, & pour des raiſons qui ſeront expliquées cy apres.

La Muſique par ♭ mol ſe connoiſt à la veuë d'auec celle qui eſt par ♮ quarre, en ce que toutes les parties portent le ♭ mol ſur le rang de ♭ fa ♮ mi, immediatement apres la Clef, comme

Mais dans la Musique par ♮ quarre il n'y a point de ♭ mol immediatement apres la Clef, comme

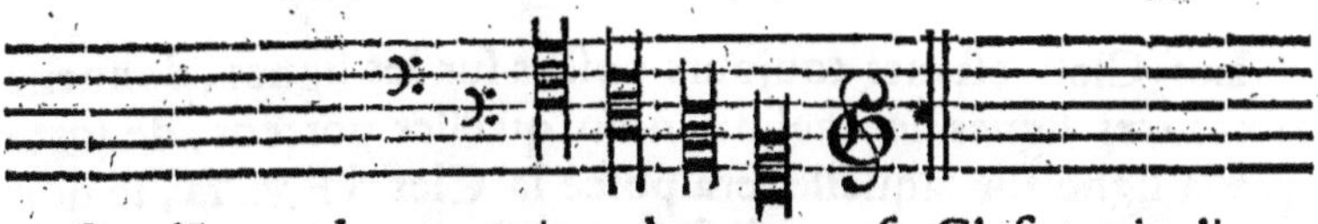

Or chacun de ces trois ordres ayant sa Clef particuliere, fait qu'il y à trois Clefs differentes qui prennent leurs noms des trois vts cy dessus mentionez : si bien que celle d'F vt fa, est appelleé la Clef de ♭ mol, dautant que l'vt d'F vt fa est en l'ordre de ♭ mol. Celle de C sol vt fa s'appelle la Clef de Nature, dautant que l'vt de C sol vt fa est en l'ordre de Nature.. Et celle de G ré sol vt se nomme la Clef de ♮ quarre, dautant que l'vt de G ré sol vt, est en l'ordre de ♮ quarre.

De la necessité des Clefs.

CHAPITRE. III.

En la Musique par ♭ mol & en la Musique par ♮ quarre l'on se sert de toutes les trois Clefs, & elles sont à la Musique ce que sont les Capitaines aux corps d'armées, puisque sans elles on ne peut connoistre ny chanter les nottes qu'auec confusion.

Elles ne different pas seulement de nom, mais encores de figures.

Celle d'F vt fa, autrement la Clef de ♭ mol, ce fait de cette façon  ou bien 

Celle de C sol vt fa, autrement la Clef de Nature, ce marque ainsi 

Et celle de G ré sol vt, autrement la Clef de ♮ quarre, se marque auec vn G seulement, comme 

Les Clefs estants toujours posées sur les lignes, donnent aux-dittes lignes le mesme nom qu'elles portent; de sorte que la ligne sur laquelle sera poseé la Clef d'F vt fa, se doit appeller F vt fa. Et en descontant de cette ligne, on peut monter & descendre par degrez tant par ♭ mol que par ♮ quarre à tous les lieux de la Game.

Et lors que l'on est monté jusques au rang d'E mi la, & que la Musique monte plus haut que ledit E mi la, il faut recommencer par le rang d'F vt fa pour monter plus haut.

Mais en descendant lors que l'on est arriué jusques au rang d'F vt fa, & que la Musique descend plus bas que ledit F vt fa, il faut reprendre le rang d'E mi la pour descendre plus bas.

La mesme chose se doit obseruer à toutes les Clefs, tant pour monter au dessus d'E mi la, que pour descendre au dessous d'F vt fa.

Mais comme chaque rang de la Game a plusieurs voix ou nottes, il est difficile de les pouuoir distinguer par leurs propres noms, sans la connoissance des muances.

Des Muances en general.

CHAPITRE IIII.

MVance n'est autre chose que de passer de ♭ mol en Nature, & de Nature en ♭ mol: ou bien de ♮ quarre en Nature, & de Nature en ♮ quarre.

Il y à deux sortes de muance dans la musique vocale, l'vne naturelle, & l'autre accidentelle.

La muance naturelle est vn changement de nom à vne

notte qui neanmoins ne change point de ſon, & ne ſe fait que pour monter au deſſus du la, ou pour deſcendre au deſſous de l'vt.

La muance accidentelle eſt quand on change à vne notte de nom & de ſon tout enſemble, & ſe fait par le moyen du ♭ mol, qui rabaiſſant la notte au deuant de laquelle il eſt poſé d'vn demiton, fait que laditte notte qui naturellement eſt vn mi, deuient fa par accident, & cecy ſe rencontre tant en la Muſique par ♭ mol, comme en celle qui eſt par ♮ quarre.

Exemple par ♭ mol.

Exemple par ♮ quarre.

Des Muances en particulier, tant par ♭ mol que par ♮ quarre.

CHAPITRE V.

EN la Muſique par ♭ mol on ſe doit ſeruir de toutes les nottes qui ſont dans l'ordre de ♭ mol, & s'ayder de l'ordre de Nature pour monter au deſſus du la, ou pour deſcendre au deſſous de l'vt ſelon les occurences, comme

De meſme en la Muſique par ♮ quarre, il ſe faut ſeruir de toutes les nottes qui ſont en l'ordre de ♮ quarre, & s'ayder de l'ordre de Nature pour paruenir aux nottes qui ſe rencontrent tant au deſſus du la, que celles qui ſe rencontrent au deſſous de l'vt.

EXEMPLE.

Ny ayant que six nottes en toute la Musique, il faut de necessité qu'elles soient repetées, tant en montant au dessus du la, qu'en descendant au dessous de l'vt.

Mais pour monter au dessus du la, il y à trois nottes particulieres dont il se faut seruir, assauoir de l'vt, du ré, ou du mi : & pour descendre au dessous de l'vt, il y en à trois autres dont il se faut seruir assauoir du la, du sol, ou du fa : de sorte que l'vt, le ré, & le mi seruent à faire les muances pour monter : & le la, le sol, & le fa, seruent à faire les muances pour descendre.

Tellement que chaque notte peut auoir deux noms sous vn mesme son, comme par exemple vne notte dans le rang de D la ré sol, chantant par ♭ mol ne peut estre qu'vn ré, ou vn la, assauoir vn ré s'il monte plus haut que le la, de D la ré sol, comme

Ou vn la s'il descend plus bas que l'vt de C sol vt fa, comme

Et la mesme chose se pratique dans tous les rangs de la Gamme, chantant par ♭ mol.

En la

En la Musique par ♮ quarre les mesmes regles s'obseruent : par exemple toute notte posée dans le rang de D la ré sol, chantant par ♮ quarre, ne peut estre qu'vn ré, ou vn sol : assauoir vn ré si la Musique monte au dessus du la d'E mi la, comme ré

Et vn sol, si la Musique descend au dessous de l'vt de C sol vt fa, comme sol

La mesme chose se pratique dans tous les rangs de la Game chantant par ♮ quarre.

Il est neanmoins à remarquer que les muances en montant, tant par ♭ mol que par ♮ quarre, se font ordinairement dans les lieux de la Game où il se rencontre Ré.

Et les muances en descendant tant par ♭ mol que par ♮ quarre, se font ordinairement dans les lieux de la Game où il se rencontre La.

Voila pour les muances naturelles.

Il faut remarquer que le ♭ mol estant posé par accident, toutes les nottes qui le precedent en bas sont toujours ou fa, ou sol, ou la, assauoir fa naturellement, sol au lieu de l'vt, & la au lieu de ré, comme

fa sol la

Exemple par ♮ quarre.

fa sol la

B

Les nottes qui ſuiuent ledit ♭ mol en bas ſont ordinairement les meſmes, ſi ce n'eſt qu'il faille monter au deſſus du ♭ mol, & en ce cas il ſe faut ſeruir des muances naturelles.

Exemple par ♭ mol. 

Exemple par ♮ quarre. 

Quelques fois le ♭ mol eſt ſous entendu, & principalement quand on monte par interualle de quarte, comme

ou bien. 

Ou lors qu'on deſcend par interualle de quinte.

Comme. 

ou bien. 

Cecy ſe void plus frequemment en la partie de la Baſſe qu'aux autres. Bref on ne doit point aller par interualle de quarte ny de quinte de fa, à mi, ny de mi à fa : mais bien de fa à fa, quoy que le ♭ mol ne ſoit pas poſé au deuant de la notte qui eſt vn mi.

Le ♭ mol eſt encore ſous entendu en E mi la, lors que la Muſique eſt par ♭ mol, & que l'on monte audit E mi la du ré de G ré ſol vt, comme

De meſme par ♮ quarre le ♭ mol eſt ſous entendu en ♭ fa ♮ mi, lors que l'on monte audit ♭ fa ♮ mi, du ré de D la ré ſol, comme

La raiſon de cecy eſt que tout interualle de ſixte, ne doit eſtre que d'vne ſixte mineure, & il ſeroit d'vne ſixte majeure ſi ledit ♭ ny eſtoit ſuppoſé.

Il faut remarquer que le Dieſis & ♮ quarre éleuent d'vn demiton les nottes au deuant deſquelles ils ſont poſez, & que le ♮ quarre a le meſme effet que le Dieſis, hormis que le ♮ quarre ne ſe rencontre jamais que ſur le rang de ♭ fa ♮ mi, lors que la Muſique eſt par ♭ mol: mais le Dieſis ſe rencontre par tout ailleurs. Ainſi ſe fait le Dieſis ♯♯ & ainſi le ♮ quarre.

De la Meſure, & des ſignes, ou nombres qui en deſpendent.

CHAPITRE. VI.

ON peut dire que la meſure eſt veritablement l'ame de la Muſique, puis qu'elle luy donne tous ſes mouuements, & que par ſon moyen elle produit ſes plus rares effets.

La meſure n'eſt autre choſe que le temps qu'on obſerue, & qu'on demeure ſur chaque notte de la Muſique, lequel temps ſe partit en frappez & leuez qui ſe font de la main ou du pied, ou de quelqu'autre choſe; & quelquefois meſme mentalement.

Il y à deux ſortes de meſure, l'vne Binaire, & l'autre Ternaire.

La meſure Binaire eſt celle qui ſe fait de deux temps eſgaux, aſſauoir d'vn frappé & d'vn leué.

La meſure Ternaire eſt celle qui ſe fait de trois temps eſgaux, aſſauoir de deux en frappant, & d'vn en leuant, leſquels trois temps ne doiuent pas plus durer ny valoir que les deux temps de la meſure Binaire.

Chaque ſorte de meſure a ſes ſignes, ou nombres particuliers.

La meſure Binaire a vn C ſimple, ou vn ¢ barré.

Le C ſimple denote qu'il faut battre la meſure lentement.

Le ¢ barré au contraire denote qu'il faut battre la meſure legerement.

Quelquefois au lieu de ces ſignes, aſſauoir du C ſimple, ou du ¢ barré, on met vn deux de chifre, comme 2.

La meſure Ternaire a pour ſignes, ou nombres vn C ſimple au deuant d'vn trois, comme C3 ou vn ¢ barré au deuant d'vn deux & d'vn trois, comme ¢ 2/3 ou bien vn trois ſimplement, comme 3.

Le C ſimple au deuant d'vn trois denotte que la meſure doit eſtre lente.

Le ¢ barré au deuant d'vn deux & d'vn trois, denote que la meſure doit eſtre legere.

Le 3 tout ſeul denote que la meſure eſt tantoſt lente ou tantoſt legere, ſelon les diuerſes opinions de ceux qui s'en ſeruent.

Il y à encores d'autres ſignes, ou nombres qui augmentent & alterent tant la valeur des nottes que celles des poſes, aſſauoir en la meſure Binaire vn O ſimple, ou vn ⊙ auec vn point au milieu.

Et en la meſure Ternaire vn O au deuant d'vn deux & d'vn trois, comme Θ 2/3 ou bien vn Φ barré auſſi au deuant d'vn deux & d'vn trois, comme

Mais ceux qui ſont de noſtre temps ayants jugé que cette multiplicité de ſignes & de nombres, cauſoit beaucoup plus de confuſion qu'elle n'apportoit de facilité & d'intelligence, ont creu qu'il ſe falloit ſeulement ſeruir de ceux que je marqueray cy deſſous, aſſauoir pour la meſure Binaire du C ſimple, du ¢ barré, ou bien du deux en chifre, comme 2.

Signes ou nombres pour la meſure Binaire.  ou bien. 

Autres ſignes ou nombres pour la meſure Binaire.  ou bien. 

Signes ou nombres pour la meſure Ternaire.  ou bien 

Autres ſignes, ou nombres pour la meſure Ternaire.  ou bien. 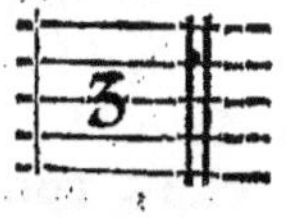

Signes ou nombres Binaires, antiens & non vſitez.  ou bien. 

Signes ou nombres Ternaires, antiens & non vſitez.  ou bien. 

Des valeurs des nottes.

CHAPITRE VII.

TOutes les nottes qui ſeruent à la meſure Binaire ſont pour l'ordinaire de cette façon.

La premiere qui est quarrée, & qui a la queüe à droit vaut quatres mesures.

Celle qui est quarrée, & qui n'a point de queüe, vaut deux mesures.

Celle qui est rondé sans queüe vaut vne mesure.

Celle qui est ronde auec queüe en haut, ou en bas, vaut vne demie mesure.

Celle qui est noire auec queüe en haut ou en bas, vaut le quart d'vne mesure.

Celle qui est noire auec queüe en haut ou en bas, & qui a vn crochet, vaut la huictiesme partie d'vne mesure.

Celle qui est noire auec vne queüe en haut ou en bas, & qui est doublement crochée, vaut la sixiesme partie d'vne mesure.

S'il se rencontre deux nottes quarrées liées ensembles, dont la premiere ait vne queüe en haut & du costé gauche, comme lesdittes nottes ne valent qu'vne mesures chacunes.

S'il se rencontre deux nottes quarrées liées ensembles, & que la derniere soit noire, comme laditte derniere ne doit valoir que trois quarts de mesure, en perdant la quatriesme partie de sa valeur

Il faut obseruer que le point qui est mis apres la notte, augmente toujours de la moytié la valeur de laditte notte apres laquelle il est posé : si bien qu'vne notte de deux mesures suiuie d'vn point, comme vaudra trois mesures, & la notte d'vne mesure auec vn point comme vaudra vne mesure & demie, & ainsi des autres.

Outres que les mesmes figures des nottes cy dessus seruent à la mesure Ternaire, sous vne autre valeur neanmoins qu'on appelle triple blanc; il y en à encores d'autres qui entrent dans laditte mesure Ternaire, & qui composent le triple noir: de la vient qu'il y à cinq sortes de triple, assauoir trois ſortes de triple blanc, & deux ſortes de triple noir.

La premiere ſorte de triple blanc eſt de cette façon.

La notte quarrée dans cette ſorte de triple vaut deux temps, aſſauoir les deux tiers de la meſure.

La ronde ſans qu'eüe vaut vn temps, aſſauoir vn tiers de la meſure.

La ronde auec vne queüe vaut la ſixieſme partie de la meſure.

La noire à queüe vaut la douzieſme partie de la meſure.

La ſeconde ſorte de triple blanc eſt de cette façon.

La notte ronde ſans queüe dans cette ſorte de triple vaut deux temps, aſſauoir les deux tiers de la meſure.

La ronde auec vne queüe vaut vn temps, aſſauoir vn tiers de meſure.

La noire auec vne queüe vaut la ſixieſme partie de la meſure.

La noire crochée ou barrée vaut la douzieſme partie de la meſure.

La troiſieſme ſorte de triple blanc eſt de cette façon.

La notte ronde auec vne queüe en cette ſorte de triple vaut deux temps, aſſauoir les deux tiers de la meſure.

La noire auec vne queüe vaut vn temps, assauoir vn tiers de la mesure.

La noire crochée, ou barrée vaut la douziesme partie de la mesure.

Il y à encores, comme il à esté dit, deux sortes de triple noir, dont la premiere sorte est de cette façon.

La notte quarrée en cette premiere sorte de triple noir vaut deux temps, assauoir les deux tiers de la mesure.

La ronde sans queüe vaut vn temps, assauoir vn tiers de la mesure.

La noire sans queüe vaut la sixiesme partie de la mesure.

La noire crochée, ou barrée vaut la douziesme partie de la mesure.

La seconde sorte de triple noir est de cette façon.

La notte ronde sans queüe en cette sorte de triple noir vaut deux temps, assauoir les deux tiers de la mesure.

La notte noire auec vne queüe vaut vn temps, assauoir vn tiers de la mesure.

La noire crochée, ou barrée vaut la sixiesme partie d'vne mesure.

La noire doublement crochée, ou doublement barrée vaut la douziesme partie de la mesure.

Il est à remarquer que le point dans la mesure de triple a la mesme vertu que dans la mesure Binaire, en sorte qu'vne notte de deux temps en vaut trois auec son point, comme vous pouuez voir à l'exemple qui suit.

Exemple

EXEMPLE.

Voila ſe me ſemble les regles les plus generales touchant les valeurs des nottes, tant dans la meſure Binaire, que dans la meſure Ternaire : il reſte maintenant à parler des Poſes.

Des Poſes.

CHAPITRE VIII.

IL y à de certaines marques dans la Muſique qui s'appellent Poſes, d'autant qu'elles font voir en quel lieu, & combien de temps il ſe faut taire.

Elles reſpondent aux valeurs des nottes cy deſſus mentionées, & ſe font de cette façon.

Dans la meſure Binaire tant au C ſimple, qu'au ₵ barré, le baſton qui comprend trois lignes marque quatres meſures de ſilence, & reſpond à la valeur de la notte quarrée à queüe faitte de cette façon.

Le baſton qui comprend deux lignes marque deux meſures de ſilence, & reſpond à la valeur de la notte quarrée ſans queüe faitte de cette façon.

Le baſton attaché à vne ligne, & qui a ſa pointe en bas, marque vne meſure de ſilence, & reſpond à la valeur de la notte ronde ſans queüe faitte de cette façon

Le baſton qui eſt appuyé ſur vne ligne, & qui a ſa pointe en haut marque vne demie meſure de ſilence, & reſpond à la valeur de la notte ronde à queüe, faitte de cette façon

Le crochet qui a ſa pointe du coſté droit, marque vn quart de meſure de ſilence, & reſpond à la valeur de la notte noire à queüe faitte de cette façon

Le crochet qui a ſa pointe du coſté gauche, marque de ſilence la huictieſme partie de la meſure, & reſpond à la valeur de la notte crochée faitte de cette façon

Le crochet double qui a les pointes du coſté gauche, ou du coſté droit, marque de ſilence vne ſeizieſme partie de la meſure, & reſpond à la valeur de la notte doublement crochée faitte de cette façon

Ces poſes n'ont pas toujours la meſme valeur en la meſure Ternaire, par exemple dans le triplo qui ſe ſert du barré au deuant d'vn deux & d'vn trois & de nottes lentes, comme

Le baſton qui comprend trois lignes, marque deux meſures de ſilence.

Le baſton qui comprend deux lignes, marque vne meſure de ſilence.

Le baſton attaché à vne ligne & qui a ſa pointe en bas, marque vn tiers de meſure de ſilence.

Le baſton appuyé ſur vne ligne, & qui a ſa pointe en haut, marque de ſilence vne ſixieſme partie de la meſure.

Dans le triple qui ſe ſert du C ſimple au deuant d'vn trois, & de nottes moins lentes que le premier cy deſſus, comme

Le baſton qui comprend trois lignes, marque quatres meſures de ſilence.

Le baſton qui comprend deux lignes, marque deux meſures de ſilence

Le baſton attaché à vne ligne dont la pointe eſt en bas, marque vne meſure de ſilence.

Le baſton appuyé ſur vne ligne dont la pointe eſt en haut, marque de ſilence vn tiers de meſure qui fait vn temps.

L'on ne ſe ſert pas ordinairement de crochets dans ces deux ſortes de triples.

Dans le triple qui ſe ſert d'vn trois ſeulement, & de nottes plus legeres que les deux autres cy deſſus, comme

Le baſton qui comprend trois lignes, marque quatres meſures de ſilence.

Le baſton qui comprend deux lignes, marque deux meſures de ſilence.

Le baſton attaché à vne ligne, & qui a ſa pointe en bas, marque vne meſure de ſilence.

Dans cette ſorte de triple ſe ſeruant de crochets, celuy qui a ſa pointe à coſté droit, ſe met pour le baſton qui eſt appuyé ſur vne ligne, & marque vn tiers de meſure, qui fait vn temps.

Le crochet qui a ſa pointe tournée du coſté gauche, marque de ſilence vne ſixieſme partie de la meſure.

Dans le triple noir, qui ſe ſert du C au deuant d'vn trois, & de nottes de cette façon.

Le baſton qui contient trois lignes, marque deux meſures de ſilence.

Le baſton qui contient deux lignes, marque vne meſure de ſilence.

Le baſton attaché à vne ligne la pointe en bas, marque de ſilence vn tiers de meſure, qui fait vn temps.

Le baſton appuyé ſur vne ligne la pointe en haut, marque de ſilence la ſixieſme partie d'vne meſure.

Dans le triple noir qui ſe ſert d'vn trois ſeulement, & de notte plus legeres que celuy cy deſſus, comme

Le baſton qui contient trois lignes, marque quatres meſures de ſilence.

Le baſton qui contient deux lignes, marque deux meſures de ſilence.

Le baſton attaché à vne ligne la pointe en bas, marque vne meſure de ſilence.

Le baſton appuyé ſur vne ligne la pointe en haut, marque de ſilence vn tiers de meſure, qui fait vn temps.

Le crochet qui a ſa pointe du coſté droit, marque de ſilence la ſixieſme partie de la meſure.

Il y à quelques obſeruations tant en la meſure Binaire, qu'en la meſure Ternaire, dont je ne traitte point, d'autant qu'elles ſont maintenant fort peu en vſage.

Des points de repetition, des repriſes, des guidons, & points d'orgues.

CHAPITRE IX.

IL y à de certaines marques qui s'appellent points de repetition, repriſes, guidons, & points d'orgues.

Les points de repetition ſe mettent à la fin des premiers couplets, quand ils ſe doiuent recommancer, & ſe font de cette façon.

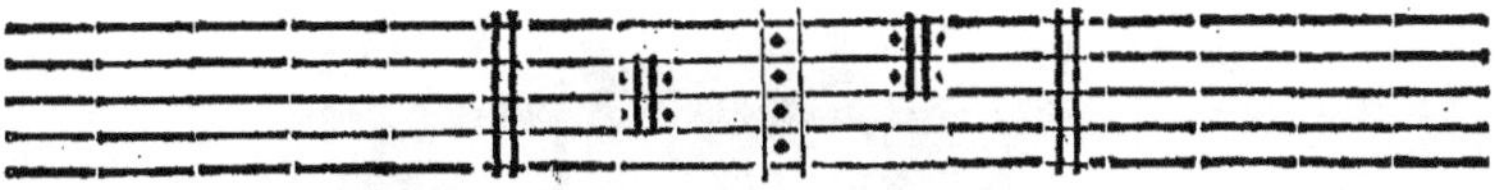

Les repriſes ſe mettent en quelque lieu que ce ſoit où l'on deſire reprendre lors que l'on a finy, & ſe font ainſi.

Les guidons ſe mettent à la fin des cinq lignes, aſſauoir ſur quelqu'vnes deſdittes cinq lignes, ou dans quelqu'vnes des eſpaces, afin de donner à connoiſtre le lieu, où doiuent recommencer les nottes des autres lignes ſuiuantes, & ſe font ainſi.

Les points d'orgues ſe mettent toujours deſſus & deſſous les nottes finales, & quelquefois meſme au milieu de quelque piece afin de demeurer dauantage au lieu où ils ſont marquez, & ſe font de cette façon.

La connoiſſance de tous ces preceptes eſt vn moyen qui peut faciliter l'entrée à la compoſition de la Muſique, tant vocale qu'inſtrumentale, dont je pretends traitter cy apres.

Fin du premier liure.

SECONDE PARTIE DV TRAITÉ DE MVSIQVE.

De la definition du Contrepoint.

CHAPITRE I.

LE Contrepoint eſt vne compoſition de plusieurs ſons differents, qui peuuent faire conſonance, ou harmonie.

On reconnoiſt deux ſortes de Contrepoint, l'vn ſimple, & l'autre figuré.

Le Contrepoint ſimple obſeruant eſgale quantité de nottes, & la meſme qualité de conſonances en toutes les parties, ne ſe ſert jamais que des conſonances parfaites, & imparfaites ordonnées enſembles: & cette façon de compoſer s'appelle faire notte contre notte, ou bien notte pour notte. *Contrepoint ſimple ce que c'eſt.*

Le Contrepoint figuré differe du Contrepoint ſimple non ſeulement en ce qu'il ne garde pas vne eſgale quantité de nottes en toutes les parties, mais encore en ce qu'il ſe ſert de conſonances, & diſſonances meſlées enſembles, en faiſant dans les parties ſuperieures pluſieurs nottes contre vne meſme notte de la Baſſe, ou dans la Baſſe pluſieurs nottes contre vne meſme notte des parties ſuperieures, & on appelle cette façon de compoſer fleurtis. *Contrepoint figuré ce que c'eſt.*

Du Ton, & de ses parties.

CHAPITRE II.

AFin d'estre succint & methodique tout ensemble, sans m'arrester à plusieurs disputes theoriques & inutiles à mon sujet, touchant la definition du Ton & de ses parties, je diray seulement que (selon l'opinion de ceux qui en ont escrit) il y à deux sortes de Ton; assauoir le Ton mineur & le Ton majeur, & que le Ton mineur est composé de huit parties qu'ils appellent Commas, & le Ton majeur de neuf.

Ils veulent qu'il y ayt aussi le Semiton mineur, & le Semiton majeur, & que le Semiton mineur soit composé de quatre Commas, & le Semiton majeur de cinq.

Ils veulent encore que le Ton se partisse en quarts de Tons, & c'est de cette diuision qu'ils ont voulu establir trois genres de Musique, assauoir la Diatonique, qui se fait de Tons & Semitons, la Cromatique, qui se fait de Semitons, & l'Enharmonique qui se fait de quarts de Tons: mais la Diatonique estant la plus parfaite, comprend en soy virtuellement les deux autres genres qui luy sont inferieurs; c'est aussi particulierement de celle là que je pretends traitter.

De la Consonance & Dissonance.

CHAPITRE III.

LE Ton & Semiton simplement considerez, ne font de soy aucune Consonance & Dissonance: mais de differents Tons & Semitons ensembles, s'engendrent les Consonances & Dissonances.

La Consonance est vn meslange du son graue auec l'aigu, qui frappant agreablement l'oreille, occupe loüye auec plaisir, & s'appelle communement bon accord.

La Dissonance est vn rencontre de plusieurs sons differents, dont le raport est contraire & repugne naturellement à l'oreille, & se nomme mauuais accord.

Les Consonances & Dissonances sont à proprement parler les élements de toute l'harmonie : je les marqueray en leurs ordres auec des chiffres, assauoir

Vne Seconde auec vn 2.
Vne Tierce auec vn 3.
Vne Quarte, auec vn 4.
Vne Quinte, auec vn 5.
Vne Sixte, auec vn 6.
Vne Septiesme, auec vn 7.
Vne Octaue, auec vn 8.

Mais comme de ces Consonances & Dissonances il y en a de Majeures, je les distingueray, en adjoustant vne estoille aupres du chifre qui les denottera Mineures, assauoir.

Vne Seconde Mineure, auec vn 2*
Vne Tierce Mineure, auec vn 3*
Vne Sixte Mineure, auec vn 6*
Vne Septiesme Mineure, auec vn 7*

Et de cette façon il sera facile de les distinguer les vnes d'auec les autres.

Des élements de la Composition.

CHAPITRE IIII.

Il y à douze élements en la composition, assauoir.

La seconde Mineure,	2*	autrement le Semiton,
La seconde Majeure,	2.	autrement le Ton,

La Tierce Mineure,	3*	autrement le Semiditon.
La Tierce Majeure,	3.	autrement le Diton.
La Quarte,	4.	autrement le Diatessaron.
Le Triton,		
La Quinte,	5.	autrement le Diapente.
La Sixte Mineure.	6*	
La Sixte Majeure,	6.	
La Septiesme Mineure.	7*	
La Septiesme Majeure.	7.	
L'Octaue,	8.	autrement le Diapason.

Ce que c'est que replique. Et leurs repliques, assauoir.

La Neufiesme Mineure,	9*	qui respond à la 2*
La Neufiesme Majeure,	9.	qui respond à la 2.
La Dixiesme Mineure,	10*	qui respond à la 3*
La Dixiesme Majeure,	10.	qui respond à la 3.
L'Onziesme	11.	qui respond à la 4.
Le Triton double ou replique.		
La Douziesme,	12.	qui respond à la 5.
La Treisiesme Mineure,	13*	qui respond à la 6*
La Treisiesme Majeure,	13.	qui respond à la 6.
La Quatorsiesme Mineure	14*	qui respond à la 7*
La Quatorsiesme Majeure	14.	qui respond à la 7.
La Quinziesme	15.	qui respond à 8.

Sans y comprendre l'Vnison, qui n'est ny Consonance, ny Dissonance.

Diuision des elements.

CHAPITRE V.

Les bons accords.

Les elements se diuisent en Consonances & Dissonances, les Consonances sont,

La Tierce Mineure.

La Tierce Majeure.
La Quarte.
La Quinte.
La Sixte Mineure.
La Sixte Majeure.
L'Octaue, & leurs repliques.

Les Dissonances sont, *Mauuais accords.*

La Seconde Mineure.
La Seconde Majeure.
Le Triton.
La Septiesme Mineure.
La Septiesme Majeure, & leurs repliques.

Les Consonances se diuisent en parfaits, & imparfaits.

Les parfaits sont,
La Quarte.
La Quinte.
L'Octaue, & leurs repliques.

Elles s'appellent parfaits, d'autant qu'estants prises pour Consonances, elles ne reçoiuent jamais d'alteration : mais ceux qui considerent la 4. la 5. & l'8. par leur degrez plustost que par ce dont elles sont composez, trouueront à redire à ma proposition, puisque leur opinion est qu'il y a trois especes de Quarte, assauoir. *L'opinion de quelques vns touchant la quarte.*

La Quarte parfaite.
La Quarte diminuée, ou fausse.
Et la Quarte superflüe.

Ils veulent encore quil y ait trois espesses de Quinte, assauoir. *La Quinte.*

La Quinte parfaite.
La Quinte fausse, ou diminuée.
Et la Quinte superflüe.

Selon leur opinion il y a aussi trois espesses d'Octaue, assauoir.

L'Octaue parfaite.
L'Octaue fausse, ou diminuée.

Et L'Octaue ſuperflüe.

Mais comme mon deſſein n'eſt point de m'arreſter dans la diſpute, je laiſſe à vn chacun la liberté de ſon opinion ſur ce ſujet.

Les Conſonances imperfaites ſont.

La Tierce.

La Sixte, & leurs repliques.

Elles s'appellent imparfaites dautant qu'elles ſont tantoſt Mineures, tantoſt Majeures, ſelon que l'ordre de la Muſique le requert.

De la Connoiſſance de chaque élement en ſon particulier.

CHAPITRE VI.

Article premier.

AFin de ne m'eſloigner pas de l'ordre que j'ay des-ja eſtably, & que par ce moyen on puiſſe monter comme par degre à la connoiſſance de tous les élements les vns apres les autres, j'ay penſé les deuoir diſtinguer par articles, & pour commencer par la 2. il faut remarquer qu'il y en à de deux eſpeces, l'vne qui ſe fait du Semiton Mineur, & l'autre du Semiton Majeur.

Combien il y à d'eſpeces de Seconde Mineure.

Celle qui ſe fait du Semiton Mineur eſt compoſée de deux ſons differents ſur vn meſme endroit, diſtants l'vn de l'autre de quatre Commas.

Exemple.

Celle qui ſe fait du Semiton Majeur, eſt composée de deux ſons differents, diſtants l'vn de l'autre de cinq Commas, Exemples.

De la Seconde Majeure.

Article 2.

LA Seconde Majeure ſe fait d'vn Ton. Exemples.

Il y a encores vne autre eſpece de Seconde qui ſe peut appeller Seconde ſuperflüe, d'autant qu'elle eſt composée de plus d'vn Ton. Exemples.

De la Tierce Mineure.

Article 3.

LA Tierce eſt compoſee de trois degrez, qui font vn Ton & vn Semiton Majeur. Exemples.

De la Tierce Majeure.

Article 4.

LA Tierce eſt compoſée de trois degrez qui font deux Tons. Exemples.

De la Quarte.

Article 5.

LA Quarte autrement le Diateſſaron eſt compoſée de quatres degrez, qui font deux Tons & vn Semiton Majeur. Exemples.

Du Triton.

Article 6.

LE Triton eſt compoſé de quatre degrez, entre leſquels ſe rencontrent naturellement trois Tons. Exemples.

De la Quinte.

Article 7.

LA Quinte autrement le Diapente est composée de cinq degrez, qui font trois Tons & vn Semiton Majeur. Exemples.

De la Sixte Mineure.

Article 8.

LA Sixte est composée de six degrez, qui font trois Tons & deux Semitons Majeurs. Exemples.

De la Sixte Majeure.

Article 9.

LA Sixte Majeure est composée de six degrez, qui font quatre Tons & vn Semiton Majeur. Exemples.

De la Septiesme Mineure.

Article 10.

LA Septiesme Mineure est composée de sept degrez, qui font quatre Tons & deux Semitons Majeurs. Exemples.

De la Septiesme Majeure.

Article 11.

LA Septiesme Majeure est composée de sept degrez, qui font cinq Tons & vn Semiton Majeur. Exemples.

De l'Octaue.

Article 12.

L'Octaue autrement le Diapason est composée de huict degrez, qui font cinq Tons & deux Semitons Majeurs.

Exemples.

EXEMPLE.

Il reste maintenant à parler de la diuersité des Quartes, Quintes, & Octaues, comme Dissonances, &premierement de la Quarte fausse.

De la Quarte fausse.

Article 13.

LA Quarte fausse, est composée de quatre degrez, qui font vn Ton & deux Semitons Majeurs.

EXEMPLES.

De la Quarte superflüe.

Article 14.

LA Quarte superflüe est composée de quatre degrez, qui font trois Tons. Exemples.

De la Quinte fausse.

Article 15.

LA Quinte fausse est composée de cinq degrez, qui font deux Tons, & deux Semitons Majeurs. Exemples.

De la Quinte superflüe.

Article 16.

LA Quinte superflüe est composée de cinq degrez, qui font trois Tons & deux Semitons, dont l'vn est Majeur & l'autre Mineur. Exemples.

De la fausse Octaue, ou Octaue diminuée.

Article 17.

LA fausse Octaue, ou Octaue diminuée est composée de huict degrez, trois Tons & trois Semitons Majeurs. Exemples.

De l'Octaue superflüe.

Article 18.

L'Octaue superflüe est composée de huict degrez, qui font quatre Tons, & deux Semitons Majeurs, & vn Semiton Mineur. Exemples.

I'ay voulu faire ces remarques tant pour la curiosité, que pour l'vtilité de ceux qui pretendent à vne parfaite connoissance de la diuerse position des Consonances & Dissonances dans leur ordre, comme il se verra distinctement cy apres.

De la disposition des Clefs en chaque parties.

CHAPITRE VII.

Combien il y á pour l'ordinaire de parties qui entrent en la Musique.

Comme il y à pour l'ordinaire quatre parties qui composent la parfaite Musique, assauoir.

Le Dessus.
La Haute-Contre.
La Taille.
Et la Basse.

Chacune de ces parties a quasi sa Clef differente. Le Dessus se sert de la Clef de G re sol vt, & quelquefois mesme de celle de C sol fa vt.

La Haute-Contre se sert toujours de celle de C sol fa vt.

La Taille se sert aussi de celle de C sol vt fa.
Et la Basse de celle d'F vt fa.

EXEMPLE.

Pour le Dessus. Autre. Pour la Haute. la Taille. & la Basse.

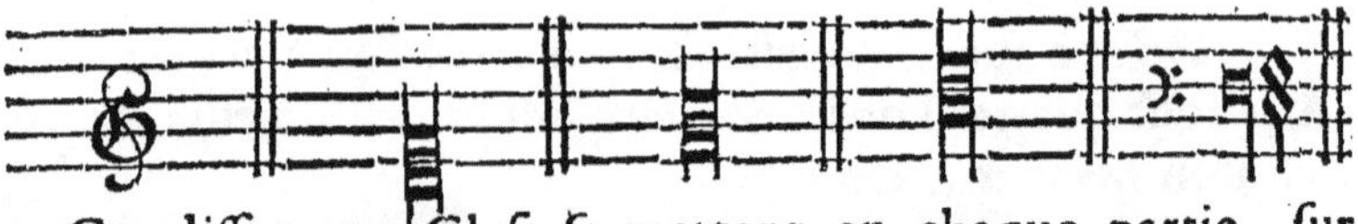

Ces differentes Clefs se mettent en chaque partie, sur certaines lignes qui leurs sont ordonnées : comme lors que le Dessus se sert de la Clef de G ré sol vt sur la quatriesme ligne d'enbas. La Haute-Contre se sert de celle de C sol fa vt sur la mesme ligne. La Taille de laditte Clef de C sol fa vt sur la troisiesme ligne. Et la Basse de celle d'F vt fa, aussi sur la troisiesme ligne. Exemple.

Dessus. Haute-Contre. Taille. Basse.

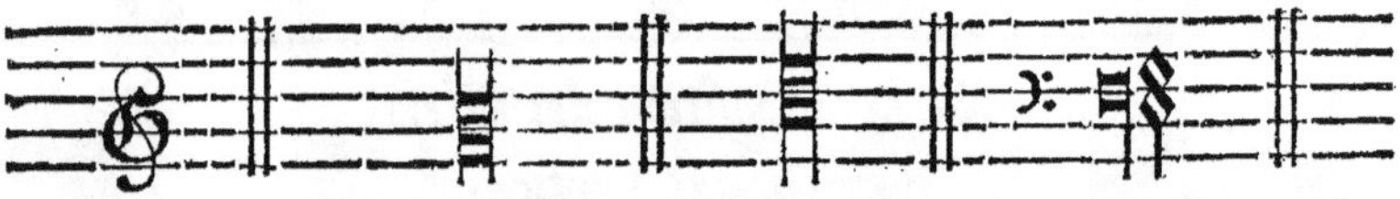

Lors que le Dessus se sert de la Clef de C sol fa vt, sur la derniere ligne d'enbas : La Haute-Contre se sert de la mesme sur la troisiesme ligne : La Taille aussi de la mesme sur la seconde ligne d'enhaut : Et la Basse se sert de celle d'F vt fa, sur la seconde aussi d'enhaut. Exemple.

Dessus. Haute-Contre. Taille. Basse.

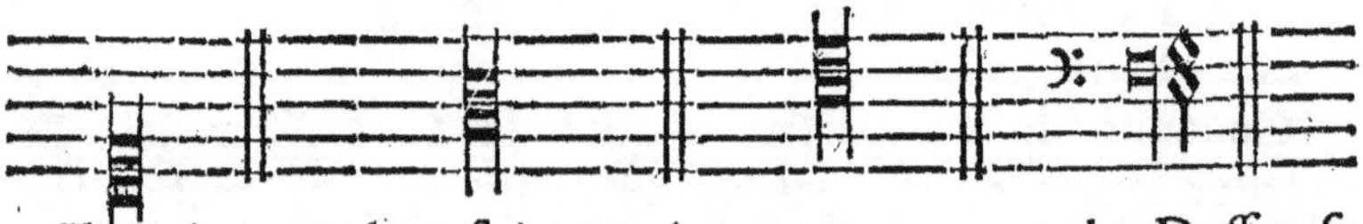

Il arriue quelquefois, mais rarement, que le Dessus se sert de la Clef de C sol fa vt, sur la quatriesme ligne d'enbas : La Haute-Conte de laditte Clef sur la seconde d'enhaut: La Taille de la Clef d'F vt fa ſur la troiſieſme ligne: Et, la Baſſe de la meſme Clef d'F vt fa ſur la premiere ligne d'enhaut. Exemple.

Deſſus, Haute-Contre. Taille. Baſſe.

Les Violons, & quelquefois meſmes les Voix, ſe ſeruent pour le Deſſus de la Clef de G re ſol vt, ſur la derniere ligne d'enbas: La Haute-Contre de celle de C ſol fa vt ſur laditte derniere ligne d'enbas: La Taille de la meſme Clef de C ſol fa vt ſur la ſeconde ligne d'enbas: Et la Baſſe de la Clef d'F vt fa, ſur la ſeconde ligne d'enhaut: Mais pour les voix, laditte Baſſe ſe ſert en ce rencontre de celle de C ſol fa vt ſur la ſeconde ligne d'enhaut.

Exemple pour les Violons.

Deſſus. Haute-Contre. Taille. Baſſe.

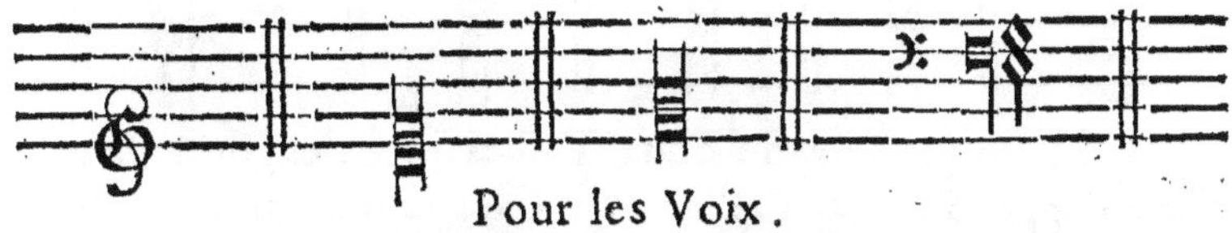

Pour les Voix.

Deſſus. Haute-Contre. Taille. Baſſe.

De quelles parties on ſe ſert en la Muſique à cinq.

Mais affin qu'il n'y ayt rien à deſirer pour la parfaite connoiſſance de la diſpoſition des Clefs, il eſt à remarquer que lors qu'on compoſe à cinq parties, outre la Baſſe, la Taille, & la Haute-Contre, l'on ſe ſert de deux Deſſus eſgaux.

EXEMPLE.

1. *Deßus*. 2. *Deßus*. *Haute-Contre*. *Taille*. *Baße*.

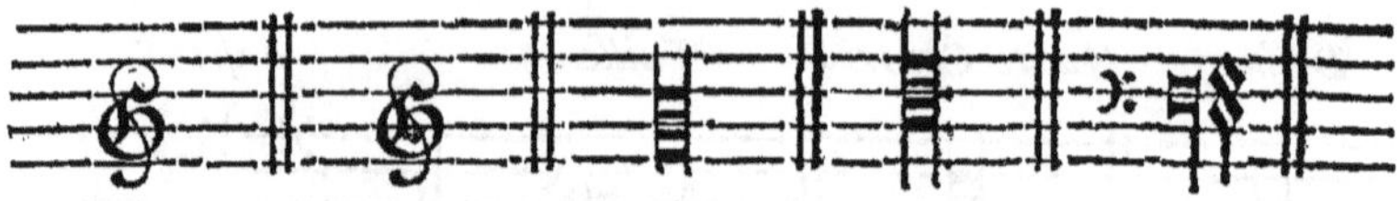

Ou bien on se sert de deux Dessus inesgaux, dont le plus bas se marque auec la Clef de C sol fa vt, & s'appelle bas Dessus. Exemple.

Deßus. *Bas-Deßus*. *Haute-Contre*. *Taille*. *Baße*.

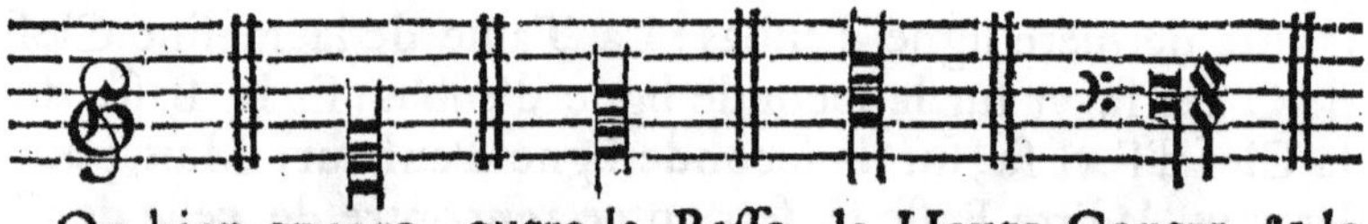

Ou bien encore, outre la Basse, la Haute-Contre, & le Dessus, on se sert de deux Tailles esgales. Exemple.

Deßus. *Haute-Contre*. 1. *Taille*. 2 *Taille*. *Baße*.

Ou bien on se serr de deux Tailles inegales, dont la plus basse s'appelle Basse-Taille: & sa Clef se met sur la seconde ligne d'enhaut. Exemple.

Deßus. *Haute-Contre*. *Taille*. *Baße-Taille*. *Baße*.

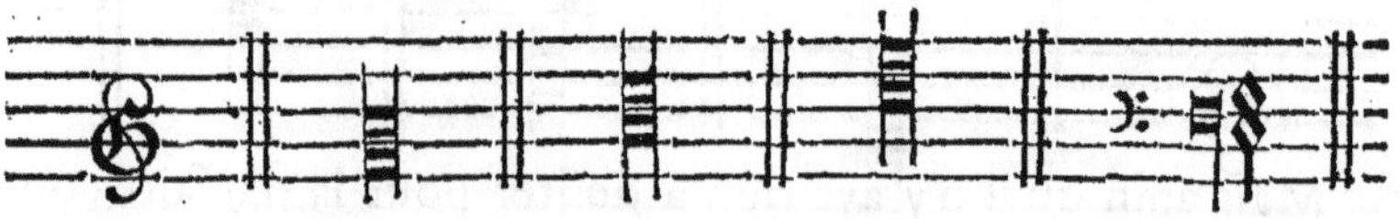

De quelles parties on se sert en la Musique à six.

Mais lors que l'on compose à six, on se sert de deux Dessus esgaux, ou inesgaux: d'vne Haute-Contre, de deux Tailles esgalles, ou inesgalles, & d'vne Basse. Exemple.

1. Deſſus. 2. Deſſus. Haute-Contre. 1. Taille 2 Taille. Baſſe.

ou bien, *Deſſus. Bas-Deſſus. Haut. Taille. Baſſe-Taille. Baſſe.*

On ſe ſert encore à ſix de deux Deſſus eſgaux auec la Clef de C ſol vt fa, ſur la derniere ligne d'enbas, & de deux Tailles ineſgalles : & pour lors la plus Baſſe-Taille ſe ſert de la Clef de d'F vt fa, ſur la troiſieſme ligne, & la Baſſe ſe ſert de la meſme ſur la ſeconde ligne d'enhaut.

EXEMPLE.

1. Deſſus. 2. Deſſus. Haut. Taille. Baſſe-Taille. Baſſe.

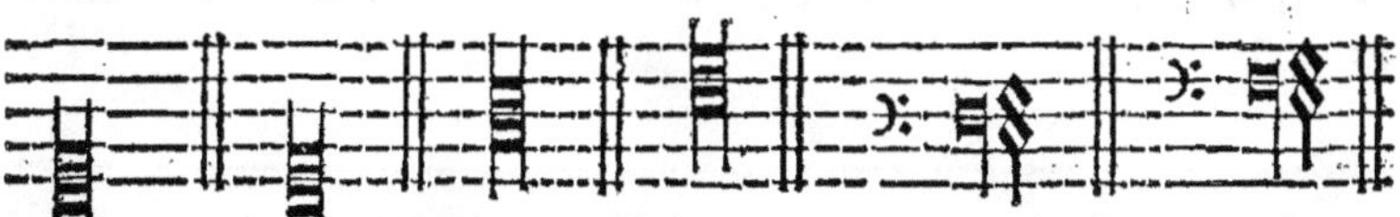

Il arriue quelquefois qu'outre les cinq lignes ordinaires, on en adjouſte d'autres tant en haut qu'en bas, & ce à la partie du Deſſus & à la partie de la Baſſe. *Quelles parties ſouffrent augmentatiõ de lignes.*

La ligne qui s'adjouſte au Deſſus, ſe met toujours en haut, comme.

La ligne qui s'adjouſte à la Baſſe ſe met tantoſt en haut & tantoſt en bas, ſelon la diuerſe ſituation de la Clef.

Si la Clef de la ditte Baſſe eſt poſée ſur la troiſieſme ligne, pour lors la ligne qui se peut adjouster, se doit mettre au dessous des cinq lignes ordinaires, comme.

Mais si la Clef de laditte Basse est posée sur la seconde ligne d'enhaut, alors la ligne qui se peut adjouster se doit mettre au dessus des cinq lignes ordinaires, comme.

Ces obseruations neanmoins se doiuent entendre seulement pour les Voix, d'autant qu'en la Musique instrumentale le Dessus, & la Basse estant pour l'ordinaire d'vne forte grande estendüe, on ne doit pas garder cet ordre, & mesme quelques-vns s'emencipent de ces regles dans la Musique vocale.

De ce qui doit suiure immediatement chaque Clef, & des lieux ou l'on se sert du Diesis, ♮ quarre, & ♭ mol par accident.

CHAPITRE VIII.

Combien il y a de sortes de Musique.

COmme il y à deux sortes de Musique, l'vne par ♭ mol & l'autre par ♮ quarre: il y à aussi vne certaine marque pour les reconnoistre.

Il faut obseruer que lors qu'on a dessein de composer par ♭ mol, ledit ♭ mol doit suiure immediatement la Clef en toutes

toutes les parties, & ſe doit mettre ſur la ligne, ou dans l'eſpace de ♭ fa ♮ mi, comme.

Deſſus. Haute-Contre. Taille. Baſſe.

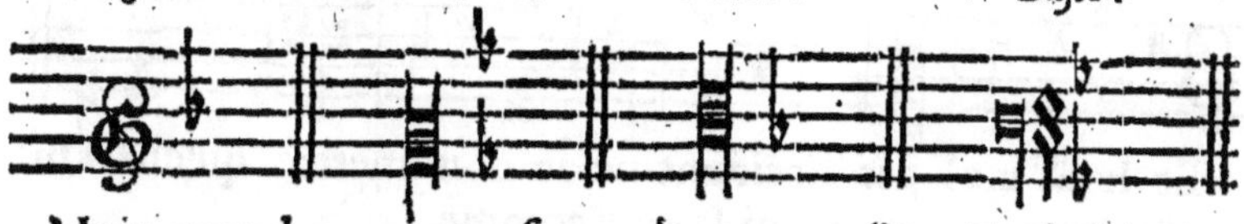

Mais quand on compoſe par ♮ quarre, l'on ne doit point mettre de ♭ mol, ſi ce n'eſt par accident : c'eſt à dire en certains rencontres que l'ordre de la compoſition demande : ſi-bien que la Muſique par ♮ quarre ne ſe diſtingue à la veüe de la Muſique par ♭ mol, que par l'abſence dudit ♭ mol en la Muſique par ♮ quarre, comme.

Deſſus. Haute-Contre. Taille. Baſſe.

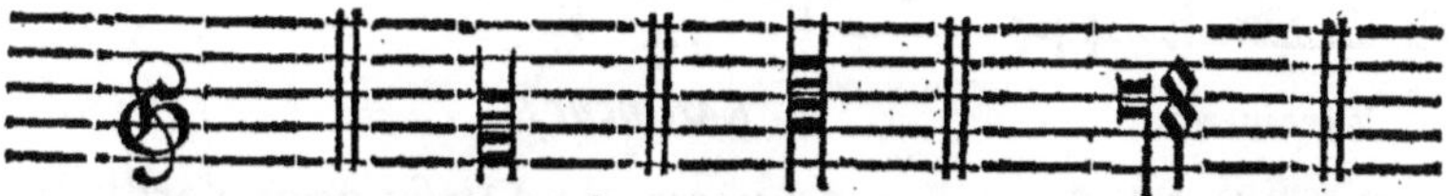

Apres la Clef & le ♭ mol on doit mettre à toutes les parties le nombre duquel on deſire ſe ſeruir, ſoit Binaire, ſoit Ternaire, comme.

Nombre Bin. Autre Nõbre Bin. Nombre Tern. Autre nombre Tern.

Il eſt à remarquer que le nombre ne ſe doit mettre qu'au commencement de chaque pieſce, ſans qu'il ſoit neceſſaire de le reïterer au commencement de chaque ligne, ſi ce n'eſt que l'on changeaſt de meſure Binaire en Ternaire, ou de meſure Ternaire en Binaire.

Dans la Muſique par ♭ mol le Dieſis, ſelon la plus commune pratique, ne se doit mettre qu'en F vt fa &, C sol vt fa: & le ♮ quarre au lieu du Diesis en ♭ fa ♮ mi, comme.

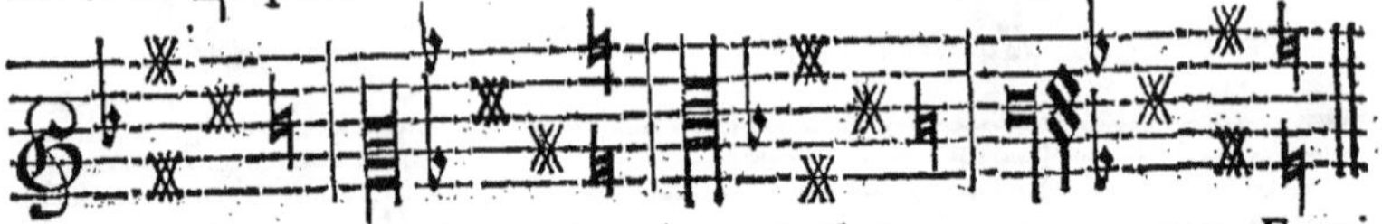

Et le ♭ mol par accident ne se doit mettre qu'en E mi la, & rarement en A mi la re, comme.

Rarement. *Rarement.*

Rarement. *Rarement.*

Dans la Musique par ♮ quarre, le Diesis pour l'ordinaire ne se doit mettre qu'en F vt fa, G re sol vt, & C sol vt fa.

EXEMPLE.

Et le ♭ mol par accident ne se doit mettre qu'en ♭ fa ♮ mi, & rarement en E mi la, comme.

Rarement. *Rarement.* *Rarement.*

Rarement.

Maximes qu'il faut obſeruer en la compoſition du Contrepoint ſimple.

CHAPITRE IX.

PRemierement il faut que chaque partie contre la Baſſe commence ou par la Tierce Mineure, ou par la Tierce Majeure, ou par la Quinte, ou par l'Octaue: & rarement par la Sixte Mineure: & obſeruer pour l'harmonie que chaque partie ait ſon accord particulier, ſi ce n'eſt que la Muſique ſoit à plus de quatre parties. *Par quel accord doit commencer chaque partie.*

Il faut de plus varier en telle ſorte les accords, que jamais il ne s'en rencontre deux de meſme eſpece de ſuitte dans vne meſme partie: comme deux Tierces Mineures, deux Tierces Majeures, deux Quintes, deux Sixtes Majeures, deux Octaues, ſi ce n'eſt aux conditions qui ſeront cy apres mentionées, & vne des principales raiſons de cecy, eſt que le plus bel effet de l'harmonie conſiſtant particulierement dans la varieté des accords, pert toute ſa grace ſi-toſt qu'on ne garde pas ces regles, ou que l'on meſpriſe ſes obſeruations.

Secondement il faut que les parties ſuperieures ſoient tant que faire ce pourra par contraire mouuement, ou par degré oppoſé à la Baſſe: par exemple, ſi la Baſſe monte, leſdittes parties ſuperieures doiuent pour le mieux, & ſi faire ce peut, deſcendre: ou ſi la Baſſe deſcend, leſdittes parties au contraire doiuent monter. Ce n'eſt pas neanmoins que pour obseruer cecy il faille se contraindre en sorte que la beauté du chant ne soit sur tout considerée.

Troisiesmement il faut remarquer, que n'y ayant que quatre façons d'aranger les nottes les vnes apres les autres, assauoir en montant par degré conjoint, comme.

En descendant par degré conjoint, comme.

En montant par interualle, comme.

cecy se pratique.

En descendant par interualle, comme.

cecy se pratique.

Il faut que les nottes soient bien liées ensembles, & que les interualles des vnes aux autres soient raisonnables, c'est à dire de Tierces Mineures, aux Majeures : de Quarte, de Quinte, de Sixte Mineure, & d'Octaue : sans qu'il soit permis tant en montant qu'en descendant de faire aucune interualle de fausse Quarte, selon l'opinion de quelques-vns, de Quarte superflüe, de Triton, de fausse Quinte, de Quinte superflüe, de Sixte Majeure, (si ce n'est que la Sixte soit par accident) de Septiesme Mineure, & de Septiesme Majeure. Exemples des faux interualles en montant.

Exemples des faux interualles en descendant.

Quatriesmement il faut encore remarquer que le Diesis, & ♮ quarre estant mis aux parties superieures, rendent les Tierces, & les Sixtes Majeures contre la Basse; & au contraire le Diesis & ♮ quarre estant mis à la Basse, rendent les Tierces & Sixtes Mineures.

Il faut pour l'ordinaire monter par degré conjoint apres la notte audeuant de laquelle il y à vn Diesis ou ♮ quarre, comme.

On y monte encore par interualle de Tierce.

Ce que c'est que doubler.

Faisant à plus de quatre parties il faut de necessité qu'vne des quatre soit doublée, c'est à dire que deux parties fassent le mesme accord: mais il faut prendre garde que ce ne soit pas l'accord ou la notte audeuant de laquelle le Diesis & ♮ quarre sont posez, si ce n'est en la Musique instrumentale, lors principalement qu'elle est transposée: ce n'est pas que plusieurs ne fassent le contraire, & particulierement les Italiens.

De plus il faut prendre garde dedans le Contrepoint simple, de ne faire jamais de Quinte n'y d'Octaue contre vne notte de la Basse audeuant de laquelle il s'y rencontre vn

Dieſis ou ♮ quarre, mais bien vne Sixte Mineure, ou Tierce Mineure, & faiſant vne Baſſe contre vne partie ſuperieure, il faut auſſi prendre garde que la Baſſe ne faſſe jamais ny Quinte ny Octaue contre laditte partie ſuperieure, mais bien vne Tierce Majeure, ou vne Sixte Majeure ſeulement.

En cinquieſme lieu on doit auſſi obſeruer que le ♭ mol par accident au contraire du Dieſis & ♮ quarre, rabaiſſant la notte audeuant de laquelle il eſt poſé, rend les Tierces, & Sixtes Mineures aux parties ſuperieures : mais eſtant poſé auſſi par accident ſur les nottes de la Baſſe, il rend les Tierces, & Sixtes Majeures.

Il faut pour l'ordinaire deſcendre par degré conjoint apres la notte audeuant de laquelle il y à vn ♭ mol par accident, tant aux parties ſuperieures, qu'en la partie de la Baſſe, comme.

On ne garde pas neanmoins cette regle ſi exactement, particulierement dans la Baſſe, d'autant que quelquefois on monte par interualle apres la notte audeuant de laquelle il y à vn ♭ mol par accident, comme.

Et meſme dans les parties ſuperieures auſſi bien que dans la Baſſe, on peut deſcendre par interualles.

En sixiesme lieu il faut prendre garde qu'il ne se rencontre deux Quartes de mesmes especes entres les parties, & que la Tierce qui se fera sur la notte finale de la Basse soit toujours Majeure.

Il est encore à remarquer qu'en faissant des parties superieures contre la Basse, le degré conjoint & l'interualle se doit entendre ausdittes parties superieures, & non pas à la Basse.

De la Relation.

CHAPITRE X.

Relation est le rapport d'vn son, qui se fait en vne partie, lequel est suiuy immediatement d'vn autre son en vne autre partie.

Il y à de bonnes, & fausses Relations: pource qui est des bonnes, il n'est pas besoin d'en parler, mais bien des fausses afin d'en pouuoir esuiter le rencontre.

Elles se reconnoistront par les deux nottes noires de la Basse & du Dessus, qui font entre-elles fausse Relation: mais il faut remarquer qu'il y en à de huict sortes, assauoir de fausse Quarte, ou Quarte diminuée.

De Quarte superflüe.
De Triton.
De fausse Quinte, ou Quinte diminuée.
De Quinte superflüe.
De fausse Octaue, ou Octaue diminuée.
D'Octaue superflüe.
De seconde, ou de Neufuiesme superflüe.
Et de leurs repliques.

D'où s'engendre la relation de fausse Quarte ou Quarte diminuée.

La Relation de fausse Quarte, ou Quarte diminuée, qui à mon aduis n'est pas mauuaise, s'engendre des deux Tierces Mineures, tant en montant qu'en descendant par degré conjoint. Elle s'engendre encore tant en montant de la Tierce Mineure à la Sixte Mineure par interualle de Tierce & par accident, qu'en descendant de la Sixte Mineure à la Tierce Mimeure aussi par interualle de Tierce & par accident, Exemples,

D'ou s'engẽdre la Relation de Quarte superflüe.

La Relation de Quarte superflüe s'engendre, tant en montant de la Tierce Majeure à la Quinte par degré conjoint & par accident, qu'en descendant de la Quinte à la Tierce Majeure aussi par degré conjoint & par accident. Elle s'engendre encore tant en montant de la Tierce Majeure à la Sixte Majeure par degré conjoint & par accident, qu'en descendant de la Sixte Majeure à la Tierce Majeure par degré conjoint & par accident.

EXEMPLE.

La Relation

La Relation du Triton s'engendre des deux Tierces Majeures, tant en montant qu'en descendant par degré conjoint & sans accident.

D'où s'engédre la Relatiō du Triton.

Elle s'engendre encore tant en montant de la Tierce Majeure à la Quinte par degré conjoint & sans accident, qu'en descendant de la Quinte à la Tierce Majeure aussi par degré conjoint & sans accident.

Elle s'engendre de plus, tant en montant de la Tierce Majeure à la Sixte Majeure par degré conjoint & sans accident, qu'en descendant de la Sixte Majeure à la Tierce Majeure aussi par degré conjoint & sans accident.

EXEMPLES.

La Relation de fausse Quinte ou de Quinte diminuée, s'engendre des deux Tierces Mineures, tant en montant qu'en descendant par interualle de Tierce, & quelquefois par accident, & quelquefois sans accident.

La fausse Quinte ou Quinte diminuées.

Elle s'engendre encore tant en montant de la Tierce Mineure à la Sixte Mineure par interualle de Tierce & sans accident, qu'en descendant de la Sixte Mineure à la Tierce Mineure aussi par interualle de Tierce & sans accident.

Elle s'engendre de plus des deux Sixtes Mineures, tant en montant qu'en descendant par degré conjoint, & quelquefois par accident & quelquefois sans accident.

EXEMPLES.

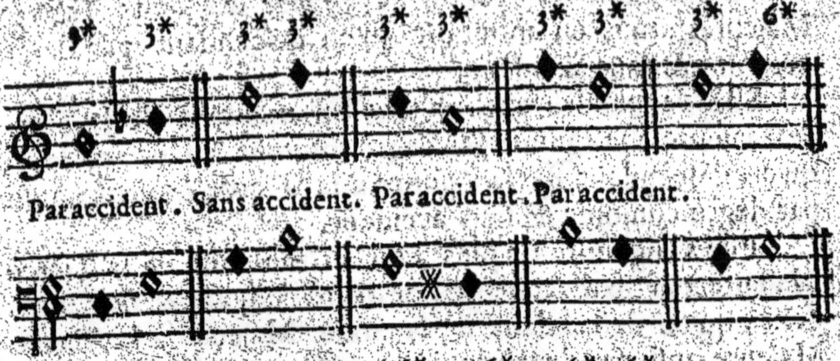

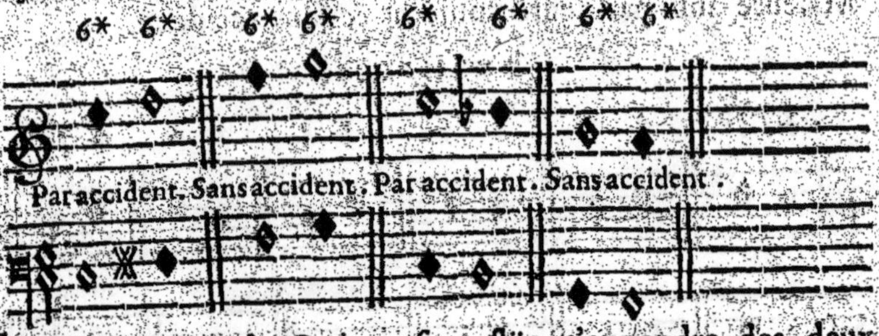

De la Quinte superflue.

La Relation de Quinte superflüe s'engendre des deux Tierces Majeures, en montant par interualle de Tierce & par accident.

Elle s'engendre encore tant en montant par degré conjoint de la Tierce Majeure à la Sixte Majeure, qu'en descendant par degré conjoint de la Sixte Majeure à la Tierce Majeure, & le tout par accident en la partie superieure.

Exemples.

La Relation de fausse Octaue ou de l'Octaue diminuée, s'engendre des deux Tierces Mineures en montant par interualle de Tierce & par accident en la Basse. *De la fausse Octaue.*

Elle s'engendre encore en descendant de la Tierce Mineure à la Sixte Mineure par interualle de Tierce & par accident en la Basse.

Elle s'engendre de plus des deux Tierces Majeures, tant en montant par interualle de Tierce & par accident, qu'en descendant aussi par interualle de Tierce & par accident.

EXEMPLES.

La Seconde ou Neufuiesme superflüe s'engendre des deux Tierces Majeures en montant par degré conjoint & par accident. *De la Neufuiesme superflüe.*

EXEMPLES.

Toutes ces fausses Relations simplement considerées, sont absolument deffendües dans l'estroitte rigueur : mais elles se practiquent moyennant qu'elles soyent suiuies de certains accords, qui se font immediatement apres, comme il se verra plus au long dans l'vsage & dans les concordances des accords les vns auec les autres.

De l'vsage de la Tierce Mineure, auec tous les autres accords en montant par degré conjoint.

CHAPITRE XI.

Article premier.

LA Tierce Mineure (j'entend celle qui est Mineure sans accident) demande apres soy en montant par degré conjoint tous les autres accords, hormis la Sixte Mineure & l'Octaue : & il est à remarquer que pour l'ordinaire l'on ne fait point deux Tierces Mineures de suitte en montant par degré conjoint, que ce ne soit à plus de trois parties, ou que l'vne des deux Tierces ne soit Mineure par accident.

EXEMPLES.

De l'vsage de la Tierce Mineure, auec tous les autres accords en descendant par degré conjoint.

Article Second.

LA Tierce Mineure demande apres soy en descendant par degré conjoint tous les autres accords, Exemples.

De l'vsage de la Tierce Mineure, auec tous les autres accords en montant par interualle.

Article Troisiesme.

LA Tierce Mineure demande apres soy en montant par interualle tous les autres accords. Exemples.

Exceptions. Il n'eſt pas permis neanmoins de monter de la Tierce Mineure à vne autre Tierce Mineure par interualle de Tierce, ſi ce n'eſt que la ſeconde Tierce ſoit ſuiuie en deſcendant par degré conjoint de l'Octaue.

Il eſt de plus deffendu de monter de ladite Tierce Mineure à la Quinte & à l'Octaue, lors principalement que la Baſſe monte auſſi par interualle auec la partie ſuperieure.

Exemples.

De l'vſage de la Tierce Mineure auec tous les autres accords en deſcendant par interualle.

Article Dernier.

LA Tierce Mineure demande apres ſoy en deſcendant par interualle tous les autres accords. Exemples.

Il n'eſt pas permis neanmoins de deſcendre de la Tierce Mineure ſur vn autre Tierce Mineure par interualle de Tierce, ſi ce n'eſt que la ſeconde Tierce ſoit ſuiuie en deſcendant par degré conjoint de l'Octaue. Exceptions.

Il eſt encore deffendu de deſcendre de ladite Tierce ſur l'Octaue par interualle, ſi ce n'eſt ſur vne meſme notte de la Baſſe. Exemples.

De l'vſage de la Tierce Majeure, auec tous les autres accords en montant par degré conjoint.

CHAPITRE XII.

Article Premier.

La Tierce Majeure (j'entend celle qui eſt Majeure ſans accident) demande apres ſoy en montant par degré conjoint tous les autres accords: hormis la Tierce Majeure, la Quinte, & la Sixte Majeure. Exemples.

Obseruations pratiquées.

Il eſt neanmoins permis de faire deux Tierces Majeures de ſuitte en montant par degré conjoint, pourueu qu'elles ſoyent ſuiuies auſſi en montant par degré conjoint de la Sixte Mineure ou de l'Octaue.

Il ſe remarque encore que quelques-vns, meſme des plus ſeueres, n'ont pas fait de difficulté en certains rencontres de monter par degré conjoint de laditte Tierce Majeure à la Quinte.

Il eſt permis de plus de monter par degré conjoint de la meſme Tierce à la Sixte Majeure, pourueu que laditte Sixte Majeure ſoit ſuiuie en montant par degré conjoint de la Tierce Mineure, de la Sixte Mineure, ou de l'Octaue.

EXEMPLES.

3. 3. 6* 3. 3. 8. 3. 5. 3. 6. 3* 3. 6. 6* 3. 6. 8.

De l'vſage de la Tierce Majeure auec tous les autres accords en deſcendant par degré conjoint.

Article Second.

LA Tierce Majeure demande apres ſoy en deſcendant par degré conjoint tous les autres accords, hormis la Tierce majeure.

Exemples.

EXEMPLES.

Il eſt permis neanmoins de faire deux Tierces Majeures de ſuitte en deſcendant par degré conjoint, pour ueu qu'elles ſoient ſuiuies en montant par degré conjoint de la Sixte Mineure, ou de l'Octaue. *Obſeruations pratiquées.*

Il eſt de plus à remarquer qu'en deſcendant de la Tierce par degré conjoint ſur la Quinte ou ſur l'Octaue, ſi faire ce peut, & pour le mieux laditte Tierce doit eſtre Mineure. Exemples.

De l'vſage de la Tierce Majeure, auec tous les autres accords en montant par interualle.

Article troiſieſme.

LA Tierce Majeure demande apres ſoy en montant par interualle, tous les autres accords.

H

EXEMPLES.

Doubteux.

Il n'est pas permis neanmoins de monter de la Tierce Majeure à vne autre Tierce Majeure par interualle de Tierce, si ce n'est que la seconde Tierce soit suiuie en montant par degré conjoint de la Sixte Mineure ou de l'Octaue. *Exceptions.*

Il n'est pas encore permis de monter de la Tierce Majeure à la Sixte par interualle de Tierce, si ce n'est que laditte Sixte soit suiuie en montant par degré conjoint de la Tierce Mineure, de la Sixte Mineure, ou de l'Octaue.

Il est aussi deffendu de monter de laditte Tierce à la Quinte & à l'Octaue par interualle, lors principalement que la Basse monte par interualle auec la partie superieure.

EXEMPLES.

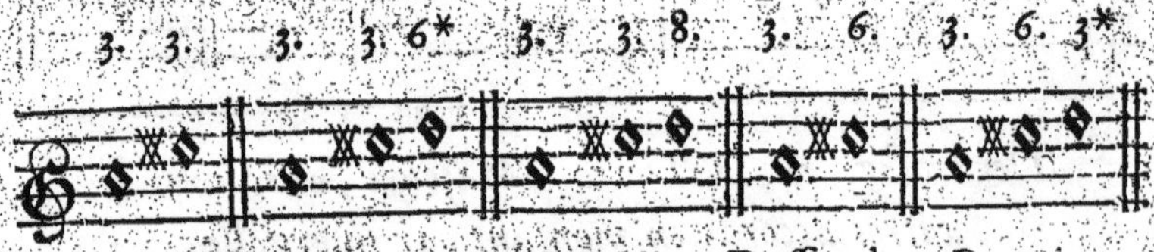

Deffendu. Permis. Permis. Deffendu. Permis.

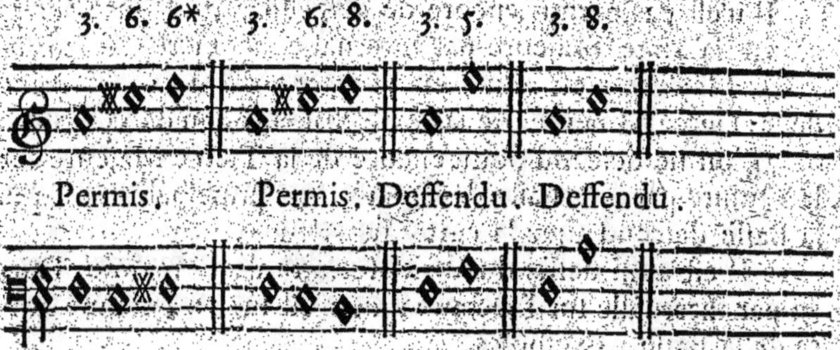

De l'vſage de la Tierce Majeure auec tous les autres accords en deſcendant par interualle.

Article dernier.

LA Tierce Majeure, demande apres ſoy en deſcendant par interualle, tous les autres accords,

EXEMPLES.

Il n'eſt pas permis neanmoins de deſcendre de la Tier- Majeure ſur vne autre Tierce Majeure par interualle de Tierce, ſi ce n'eſt que la ſeconde Tierce ſoit ſuiuie en montant par degré conjoint de la Sixte Mineure ou de l'Octaue. *Exceptions.*

Il n'eſt pas permis encore de deſcendre de laditte Tierce ſur la Sixte Majeure par interualle de Tierce, ſi laditte Sixte Majeure n'eſt ſuiuie en montant par degré conjoint de la Tierce Mineure, de la Sixte Mineure, ou de l'Octaue.

L'on ne deſcend point encore de la Tierce Majeure ſur la Quinte par interualle de Quarte, lors principalement que la Baſſe deſcend auec la partie ſuperieure.

Il eſt auſſi deffendu de deſcendre de la meſme Tierce par interualle ſur l'Octaue ſi ce n'eſt ſur vne meſme notte de la Baſſe. Exemples.

De l'vſage de la Quinte, auec tous les autres accords en montant par degré conjoint.

CHAPITRE XIII.

Article premier.

LA Quinte demande apres ſoy en montant par degré conjoint tous les autres accords, hormis la Quinte.

EXEMPLES.

De l'vſage de la, Quinte auec tous les autres accords en deſcendant par degré conjoint.

Article second.

LA Quinte demande apres ſoy en deſcendent par degré conjoint tous les autres accords, hormis la Tierce Majeure, la Quinte, & la Sixte Majeure. Exemples.

Obseruations pratiquées.

Il est neanmoins permis de descendre de la Quinte par degré conjoint sur la Tierce Majeure, pourueu que la Tierce Majeure soit suiuie en montant par degré conjoint de la Sixte Mineure, de l'Octaue, & quelquefois mesme de la Tierce Mineure.

Il est aussi permis de descendre de la Quinte par degré conjoint sur la Sixte Majeure, pourueu que laditte Sixte Majeure soit suiuie en montant par degré conjoint de la Tierce Mineure, de la Sixte Mineure, ou de l'Octaue.

EXEMPLES.

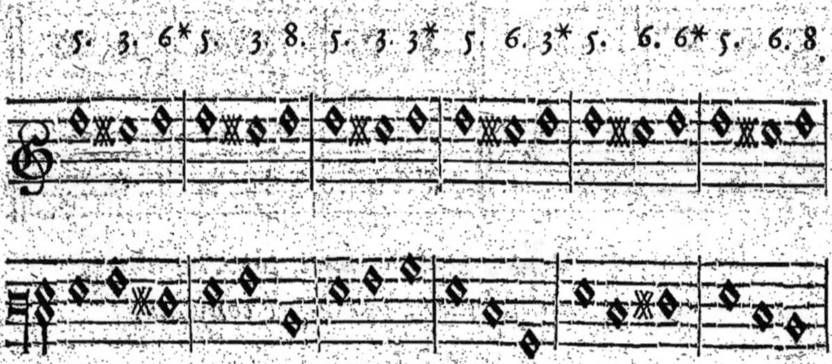

De l'vsage de la Quinte, auec tous les autres accords en montant par interualle.

Article troisiesme.

LA Quinte demande apres soy en montant par interualle tous les autres accords, hormis la Quinte, si ce n'est par mouuement contraire & à plus de trois parties.

EXEMPLES.

De l'vsage de la Quinte auec tous les autres accords en descendant par interualle.

Article dernier.

LA Quinte demande apres soy en descendant par interualle tous les autres accords, hormis la Quinte, si ce n'est par mouuement contraire, & à plus de trois parties: & l'Octaue si ce n'est sur vne mesme notte de la Basse.

EXEMPLES.

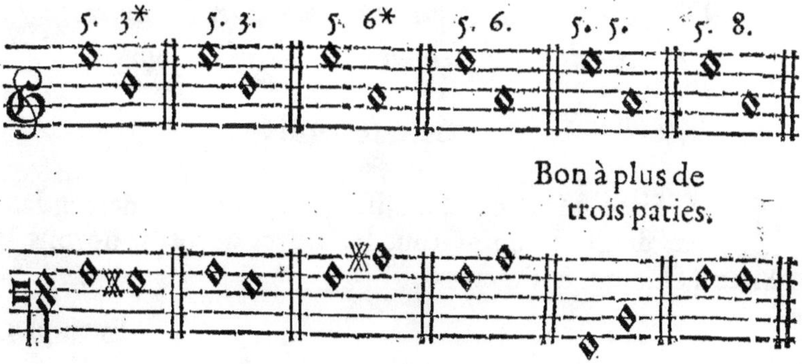

De l'vſage de la Sixte Mineure auec tous les autres accords en montant par degré conjoint.

CHAPITRE XIV.

Article premier.

LA Sixte Mineure demande apres ſoy en montant par degré conjoint ſeulement la Tierce Mineure, la Sixte Majeure, & rarement l'Octaue. Exemples.

6* 3* 6* 6. 6* 8.

Rarement.

De l'vſage de la Sixte Mineure auec les autres accords en deſcendant par degré conjoint.

Article ſecond.

LA Sixte Mineure demande apres ſoy en deſcendant par degré conjoint tous les autres accords, hormis la Sixte Mineure, & l'Octaue.

Exemples.

EXEMPLES.

De l'vsage de la Sixte Mineure auec tous les autres accords en montant par interualle.

Article troisiesme.

LA Sixte Mineure en montant par interualle ne demande pour l'ordinaire apres soy que la Tierce Mineure, & la Tierce Majeure. Exemples.

Il n'est pas permis neanmoins de monter de laditte Sixte Mineure à la Tierce Mineure par interualle de Tierce, si ce n'est que la Tierce soit suiuie en descendant par degré conjoint de l'Octaue. *Exception.*

Obseruation. L'on permet de monter par interualle de la Sixte Mineure à l'Octaue, pourueu que laditte Sixte Mineure soit par accident en la Basse. Exemples.

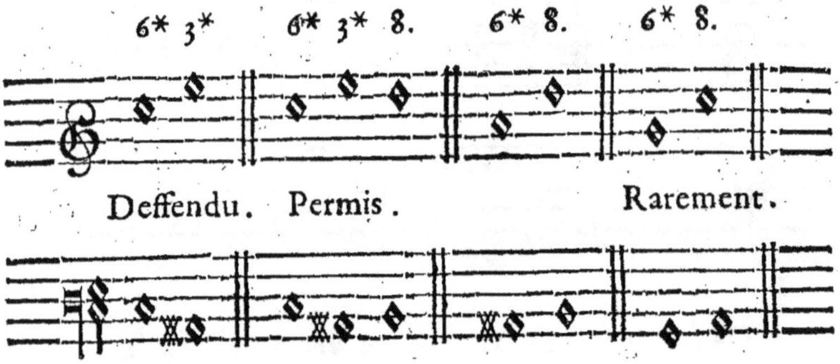

De l'vsage de la Sixte Mineure auec les autres accords en descendant par interualle.

Article dernier.

LA Sixte Mineure en descendant par interualle ne demande pour l'ordinaire apres soy que la Tierce Mineure & la Tierce Majeure. Exemples.

Exception. Il n'est pas permis neanmoins de descendre de laditte

Sixte Mineure ſur la Tierce Mineure par interualle de Tierce, ſi ce n'eſt que la Tierce ſoit ſuiuie en deſcendant par degré conjoint de l'Octaue.

Mais on permet de deſcendre par interualle, de la Sixte Mineure ſur l'Octaue, pourueu que laditte Sixte Mineure ſoit par accident en la Baſſe. Exemples. Obſeruation.

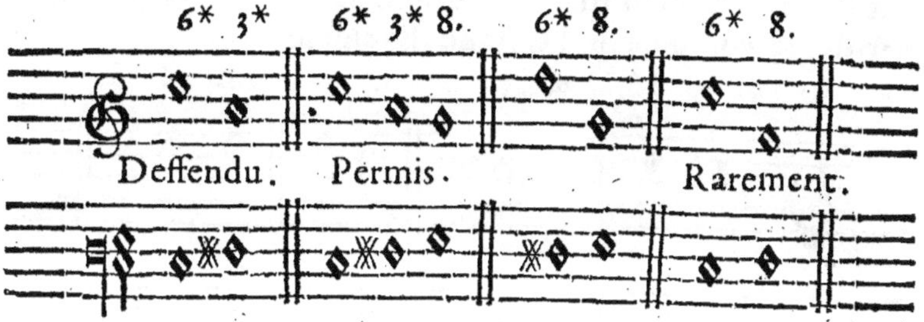

De l'vſage de la Sixte Majeure, auec tous les autres accords en montant par degré conjoint.

CHAPITRE XV.

Article premier.

LA Sixte Majeure demande apres ſoy en montant par degré conjoint tous les autres accords, hormis la Tierce Majeure, la Quinte, & la Sixte Majeure. Exemples.

Obſeruations pratiquées.

Il eſt neanmoins permis de monter par degré conjoint de laditte Sixte Majeure à la Tierce Majeure, pourueu que la Tierce Majeure ſoit ſuiuie en montant par degré conjoint de la Sixte Mineure, ou bien de l'Octaue.

Il eſt encore permis de faire deux Sixtes Majeures, en montant par degré conjoint, pourueu qu'elles ſe rencontrent naturelles, ou bien que la ſeconde ſoit ſuiuie en montant par degré conjoint de l'Octaue. Exemples.

De l'vſage de la Sixte Majeure, auec tous les autres accords en deſcendant par degré conjoint.

Article ſecond.

LA Sixte Majeure demande apres ſoy en deſcendant par degré conjoint tous les autres accords, hormis la Tierce Majeure, la Sixte Majeure, & l'Octaue. Exemples.

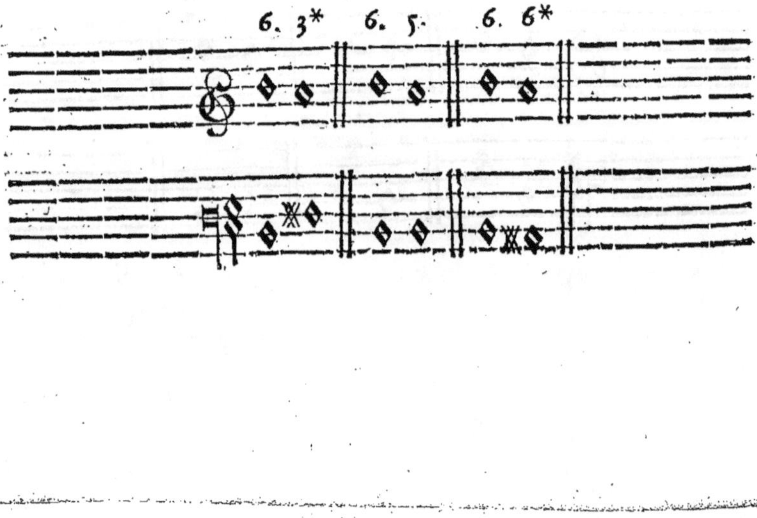

Il est neanmoins permis de descendre par degré conjoint de laditte Sixte Majeure à la Tierce Majeure, pourueu que la Tierce Majeure soit suiuie en ~~descendant~~ montant par degré conjoint de la Sixte Mineure, ou bien de l'Octaue. *Obseruations pratiques.*

Il est encore permis de faire deux Sixte Majeure en descendant par degré conjoint pourueu qu'elles se rencontrent naturelles, ou bien que la seconde soit suiuie en montant par degré conjoint de l'Octaue. Exemples.

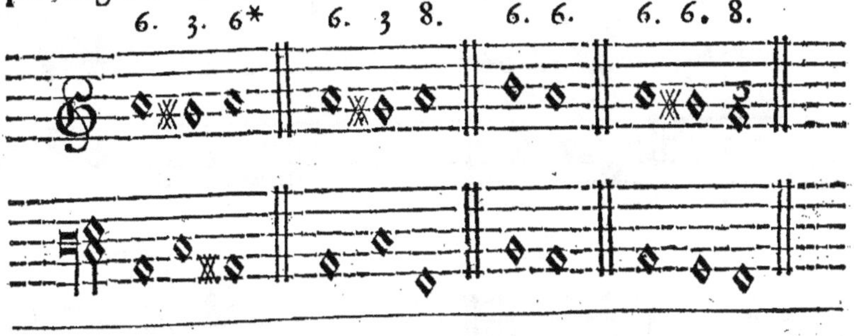

De l'vsage de la Sixte Majeure, auec tous les autres accords en montant par interualle.

Article troisiesme.

La Sixte Majeure en montant par interualle ne demande apres soy pour l'ordinaire que la Tierce Mineure, & la Tierce Majeure. Exemples.

Exception. Il n'eſt pas neanmois permis de monter de laditte Sixte Majeure à la Tierce Majeure par interualle de Tierce, ſi ce n'eſt que la Tierce Majeure ſoit ſuiuie en montant par dégré conjoint de la Sixte Mineure, ou de l'Octaue.

Obſeruation. Mais on permet de monter de la Sixte Majeure à l'Octaue, pourueu que ce ſoit ſur vne meſme notte de la Baſſe, & que la Sixte ſe rencontre naturelle, & ſans accident.

EXEMPLES.

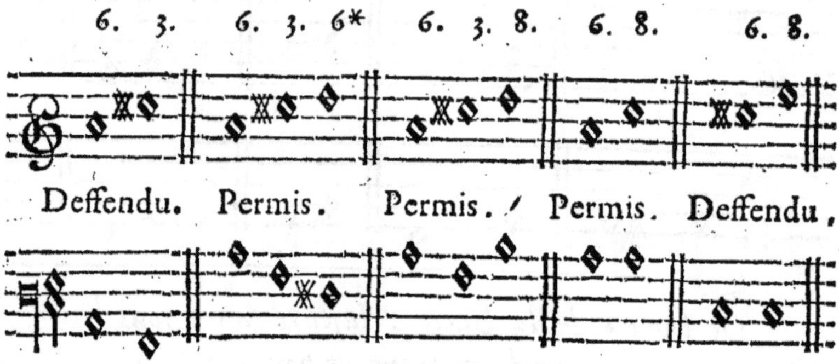

De l'vſage de la Sixte Majeure, auec tous les autres accords en deſcendant par interualle.

Article dernier.

LA Sixte Majeure en deſcendant par interualle demande apres ſoy ſeulement la Tierce Mineure, & la Tierce Majeure; *Exception.* Mais il faut prendre garde de ne deſcendre pas de laditte Sixte Majeure ſur la Tierce Majeure par interualle de Tierce ſi ce n'eſt que la Tierce Majeure ſoit ſuiuie en montant par degré conjoint de la Sixte Mineure ou bien de l'Octaue.

EXEMPLES.

6. 3* 6. 3. 6. 3. 6. 3. 6* 6. 3. 8.

Deffendu. Permis.

De l'vsage de l'Octaue, auec tous les autres accords en montant par degré conjoint.

CHAPITRE XVI.

Article premier.

L'Octaue demande apres soy en montant par degré conjoint tous les autres accords hormis la Sixte Mineure, & Majeure, & l'Octaue.

EXEMPLES.

8. 3* 8. 3.

De l'vsage de l'Octaue, auec tous les autres accords en descendant par degré conjoint.

Article second.

L'Octaue demande apres soy en descendant par degré conjoint tous les autres accords hormis l'Octaue.

EXEMPLES.

De l'vsage de l'Octaue, auec tous les autres accords en montant par interualle.

Article troisiesme.

L'Octaue demande apres soy en montant par interualle tous les autres accords hormis la Sixte Mineure & Majeure, & l'Octaue. Exemples.

On monte

Obseruations practiquées.

On monte rarement de l'Octaue à la Quinte par interualle de Tierce.

Il n'est pas deffendu de monter par interualle de l'Octaue à la Sixte Mineure, pourueu que soit par accident à la Basse & à plus de trois parties.

Il n'est pas encore deffendu de monter par interualle de l'Octaue à vne autre Octaue, pourueu que ce soit par mouuement contraire & à plus de quatre parties. Exemples.

8. 5. 8. 6* 8. 8.

Rarement. Permis. Permis.

De l'vsage de l'Octaue auec tous les autres accords en descendant par interualle.

Article dernier.

L'Octaue demande apres soy en descendant par interualle tous les autres accords, hormis l'Octaue : si ce n'est par mouuement contraire & à plus de quatre parties.

EXEMPLES.

8. 3* 8. 3. 8. 5. 8. 6. 8. 6. 8. 8.

Permis.

Outre tous ces preceptes generaux, il y à encore plusieurs obseruations qui consistent en la Pratique, desquels on ne peut pas donner de regles certaines, & qui despendent de l'opinion de nos plus excellents Autheurs.

De la Cadence en general.

CHAPITRE XVII.

Ce que c'est que Cadence.

CAdence est vne conclusion de chant, qui se fait de toutes les parties ensembles en diuers lieux de chaque piece, & est à la Musique ce que sont les periodes au discours. C'est pourquoy il y a des Cadences qu'on appelle Mediantes, Dominantes, & Finales : dont je parleray en vn autre endroit. Il est seulement à remarquer pour le present que toute Cadence peut estre ou parfaite, ou rompuë, ou attendente.

La parfaite se connoistra dans les exemples par vne notte de cette façon, la rompuë par vne notte faitte ainsi, & l'attendente par cette derniere notte auec vn point d'Orgue.

Ce que c'est que Cadence parfaite aux parties superieures.

La Cadence parfaite aux parties superieures (se considerant toujours en celle qui est Octaue contre la Basse) se fait par vne suitte de nottes, dont la penultiesme estant Tierce Majeure contre la Basse, monte par vn Semiton à la notte qui marque laditte Cadence. Ou bien elle se fait par vne suitte de nottes, dont la penultiesme estant Quinte conntre la Basse, descend par vn ton sur la notte qui marque laditte Cadence.

Ce que c'est que Cadence parfaite en la Basse.

Mais la Cadence parfaite en la Basse se fait pour l'ordinaire par vne suitte de nottes, dont la penultiesme monte par interualle de Quarte, ou descend par interualle de Quinte à celle qui marque laditte Cadence.

EXEMPLES.

Il y à encore tant aux parties superieures qu'en la Basse, de certaines Cadences qu'on peut appeller parfaites, qui se font par vne suitte de nottes, dont la penultiesme estant Sixte Majeure contre la Basse, monte tantost par vn Semiton, tantost par vn ton à la notte qui marque laditte Cadence. Ou bien elles se font par vne suitte de nottes, dont la penultiesme estant Tierce Mineure, descend tantost par vn Semiton, tantost par vn ton à la notte qui marque laditte Cadence, & en ces rencontres la Basse ferme les Cadences tant en montant qu'en descendant toujours par degré conjoint. Exemples. *Autre sorte de Cadence parfaite.*

Ce que c'est que Cadence rõpuë & en quelle partie elle se fait.

La Cadence rompuë ne se pratiquant pour l'ordinaire qu'en la Basse, se fait lors qu'au lieu de monter par interualle de quarte à la notte qui marque la Cadence, l'on monte seulement d'vn ton. Ou bien au lieu de descendre par interualle de Quinte, l'on descend seulement par interualle de Tierce Mineure, & l'on ne se sert de cette sorte de Cadence qu'au milieu des pieces. Exemples.

Ce que c'est que Cadence attendente.

La Cadence attendente (se pratiquent tant aux parties superieures qu'en la Basse) se fait lors qu'au lieu de monter ou de descendre a la notte qui marque la Cadence parfaite [selon les reigles cy dessus] l'on demeure sur la penultiesme, & l'on se sert de cette sorte de Cadence à la fin des premiers couplets, ou lors qu'au milieu de quelque piece l'on a dessein que les parties fassent toutes ensemble vn silence pour bien-tost apres recommencer. Exemples.

Des Modes.

CHAPITRE XVIII.

IL eſt de la Muſique comme de toutes les autres ſciences, qui demandent vn enchaiſnement de preceptes & de connoiſſances, ſans leſquels il eſt impoſſible de paruenir à la parfaite acquiſition de ce que l'on pretend. Auſſi ay-je bien creu que l'intelligence des Modes n'eſtoit pas vne des choſes la moins vtille en ce preſant Traité : & quoy que mon opinion ſur ce ſujet ne ſoit pas conforme à celle de nos Antiens : Ie ne penſe pas neanmoins qu'elle ſoit tout á fait à rejetter.

Pour venir premierement à la definition du mot de Mode, je diray ſeulement que Mode en general eſt vne ſuitte de chant, qui eſtant contenuës dans les bornes d'vne certaine eſpece d'Octaue ou de Diapaſon ſimple ou repliqué, ſert à exprimer les diuerſes paſſions qui naiſſent en nous. *Ce que c'eſt que Mode en general.*

Zerlain & tous ceux qui ont eſcrit des Modes en ont eſtably douze naturels, c'eſt à dire par ♮ quarre, contenus dans les ſix eſpeces d'Octaue, ou de Diapaſon, diuiſant chaque eſpece Harmoniquement & Arithmetiquement, & douze autres tranſpoſez, c'eſt a dire par ♭ mol ſous la meſme diuiſion.

Il faut remarquer que ceux qui ſont dans la diuiſion Harmonique s'appellent Modes Authentiques, & ceux qui ſont dans la diuiſion Arithmetique s'appellent Plagaux ou Collateraux. Mais bien qu'il faille beaucoup defferer à l'Antiquité nous ne deuons pas (ce me ſemble) croire aueuglement & ſans examen à tout ce qu'elle nous propoſe. Apres donc luy auoir rendu mes reſpects je dis que chaque Mode prenant ſa difference de chaque eſpece d'Octaue ou de Diapaſon, & que ne ſe trouuant que ſix eſpeces d'Octaue, ou de Diapaſon naturels, il ne peut y auoir plus de ſix Modes. Ie dis de plus que la difference qu'ils mettent entre le Mode Authentique, & le Mode Plagal, ou Collateral, n'eſt aucunement eſſentiel, par ce que tous deux ont les meſmes Cadences Medіantes, Dominantes, & Finales: & que ce n'eſt qu'vn accident qui ſe rencontre par la diuerſe poſition des Clefs, qui fait que le Mode Authentique a plus d'eſtenduë en haut que le Plagal ou Collateral, & au contraire que le Mode Plagal a plus d'eſtenduë en bas que l'Authentique, & enfin qu'eſtants tous deux ſous vne meſme eſpece d'Octaue ou de Diapaſon, ils ne font par conſequent qu'vn meſme Mode.

La premiere eſpece d'Octaue dans le genre de ♮ quarre qui fait le premier Mode naturel, commence par l'vt de C ſol vt fa.

La Seconde eſpece qui fait le ſecond Mode naturel, commence par le ré de D la ré ſol.

La troiſieſme eſpece qui fait le troiſieſme Mode naturel, commence par le my d'E my la.

La quatrieſme eſpece qui fait le quatrieſme Mode naturel, commence par le fa d'F vt fa.

La cinquieſme eſpece qui fait le cinquieſme Mode naturel, commence par le ſol de G ré ſol vt.

La ſixieſme eſpece qui fait le ſixieſme Mode naturel, commence par le la d'A my la ré.

Exemples des Modes naturels.

1. 2. 3. 4. 5. 6.

Ces Modes ſont appellez naturels, d'autant (comme je penſe) qu'ils prennent leurs origines des nottes qui ſont dans l'ordre de Nature, & ils ſe doiuent particulierement conſiderer en la partie de la Baſſe, comme le fondement & le ſouſtien des autres parties.

Quoy que ces ſix eſpeces d'Octaue ſoient de meſme eſtenduë, elles different neanmoins par la poſition des deux Semitons, que je marqueray de deux nottes noires, & qui ſe rencontrent naturellement (eu eſgard au deux extremitez) en deux differents endroits de chaque eſpece d'Octaue.

EXEMPLES.

1. eſpece. 1. mode.　　2. eſpece. 2. mode.

3. eſpece. 3 mode.　　4. eſpece. 4. mode.

5. eſpece. 5. mode.　　6. eſpece. 6. mode.

Outre ces ſix eſpeces d'Octaue dans le genre de ♮ quarre, il y en a ſix autres dans le genre de ♭ mol, dont la premiere qui fait le premier Mode tranſpoſé commence par l'vt d'F vt fa.

La ſeconde eſpece qui fait le ſecond Mode tranſpoſé, commence par le re de G re ſol vt.

La Troisiesme espece qui fait le troisiesme Mode transposé commence par le my d'A my la re.

La quatriesme espece qui fait le quatriesme Mode transposé, commence par le fa de ♮ fa ♭ my.

La Cinquiesme espece qui fait le Cinquiesme Mode transposé commence par le sol de C sol vt fa.

La Sixiesme espece qui fait le Sixiesme Mode transposé, commence par le la de D la ré sol.

Exemples des Modes Trenspose͡z.

1. 2. 3. 4. 5. 6.

Ces Modes s'appellent transposez, d'autant qu'ayant esgard à leurs nottes finales ils ont ou plus haut d'vne quarte, ou plus bas d'vne Quinte que les Modes naturels, d'où ils tirent leurs origines.

Ces dittes six especes d'Octaue par ♭ mol ont la mesme difference entre-elles que celles qui sont par ♮ quarre.

EXEMPLES.

1. espece. 2 espece.
1. mode. 2. mode.

3 espece. 4. espece.
3. mode. 4. mode.

Exemples.

5. espece. 6. espece.
5. mode. 6. mode.

Voila à mon aduis ce qu'on peut exposer de plus necessaire pour l'intelligence des Modes.

De la varieté des Cadences naturelles en chaque Mode.

CHAPITRE XIX.

IL y a en chaque Mode trois Cadences naturelles qui se trouuent dans la partition Harmonique de chaque espece d'Octaue, assauoir la Mediante, la Dominante, & la Finale, lesquelles je marqueray d'vne notte faitte ainsi.

En chaque Mode il faut reconnoistre deux termes qui accomplissent l'estenduë de chaque espece d'Octaue, assauoir le terme graue, & le terme aigu, & remarquer que la Cadence Mediante naturelle de chaque Mode se prend toujours à la Tierce en haut du terme graue, ou bien à la Sixte en bas du terme aigu comme il se peut voir dans cette Exemple.

Mediante. Terme aigu.

Terme graue.

La Cadence Dominante naturelle de chaque Mode ſe prend toujours à la Quinte en haut du terme graue ou bien à la Quarte en bas du terme aigu.

EXEMPLE.

La Cadence Finale naturelle de chaque Mode ſe prend toujours, ou ſur la notte qui marque le terme graue, ou bien ſur celle qui marque le terme aigu.

EXEMPLE.

Comme dans tous les autres Modes tant naturels que tranſpoſez, il ſe trouue la meſme diuiſion d'Octaue: ainſi la meſme varieté de Cadence s'y rencontre, ce n'eſt pas toutesfois qu'il ne s'en faſſe encores d'autres qui s'appellent eſtrangeres, ou hors du Mode, dont la beauté & la grace deſpend ſeulement de l'adreſſe de ceux qui les pratiquent.

Fin du ſecond Liure.

TROISIESME PARTIE DV TRAITÉ DE MVSIQVE.

Du Contrepoint figuré.

CHAPITRE PREMIER.

C'Est particulierement en ce Contrepoint que la Musique paroissant auec tous ces ornemens, & se seruant de tous ses artifices, nous fait voir ses plus admirables effets dans l'empire qu'elle prend sur nos ames : Mais comme toutes les choses n'esclatent jamais dauantage que lors qu'elles sont opposées à leur contraire; de mesme les Consonances ne sont jamais plus agreables que lors qu'elles sont comme contrariées par les Dissonances qui leurs tiennent lieu de lustre, & qui sont dans la Musique ce que sont les Ombres dans la Peinture.

Mais outre que dans ce Contrepoint on se sert des Dissonances qui blessent agreablement l'oreille, l'on y adjouste encore les Syncopes, les Fugues, les Contre-Fugues, les Recits, les Echos, le Silence à propos, puis les r'entrées, la varieté des mouuemens, l'ordre des Cadences, la beauté des Chants, le meslanges des Modes, la naïue expression des paroles, & mile autres belles choses qui rauissent nos esprits & enchantent nos sens.

Le Contrepoint figuré eſt (comme il a eſté remarqué dans vn autre endroit) lors que les parties ſuperieures font pluſieures nottes contre vne ſeule de la Baſſe, ou que la Baſſe fait pluſieures nottes contre vne ſeule notte des parties Superieures, & en ce cas là on y admet des Diſſonances auſſi bien que des Conſonances, auec les conditions neantmoins qui ſeront declarées cy-apres.

Cependant il faut remarquer que les Diſſonances ſe font en deux façons, à ſçauoir Syncopées, & non Syncopées; Il eſt donc neceſſaire de connoiſtre ce que c'eſt que Syncope en general.

De la Syncope.

CHAPITRE II.

LA Syncope eſt lorsqu'en la meſure binaire vne notte participe du frapé & du leué de ladite meſure: Mais il y a trois ſortes de Syncopes, dont l'vne ſe fait par vne meſure entiere, qui ſe doit commencer ſur le leué de ladite meſure.

Comme

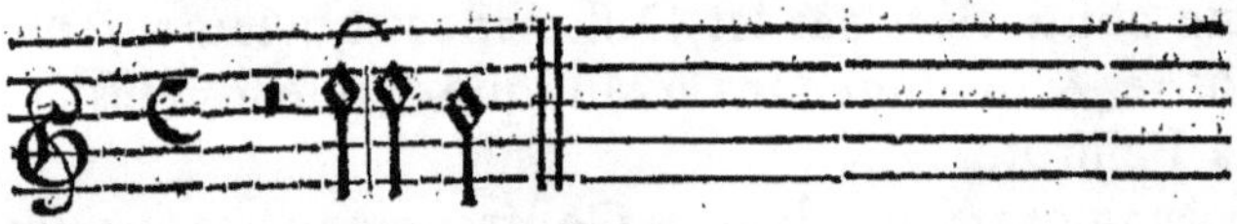

L'autre ſe fait par des nottes de demie meſure, & pour lors elles ſe commencent ou ſur le frapé, ou ſur le leué de ladite meſure.

Comme

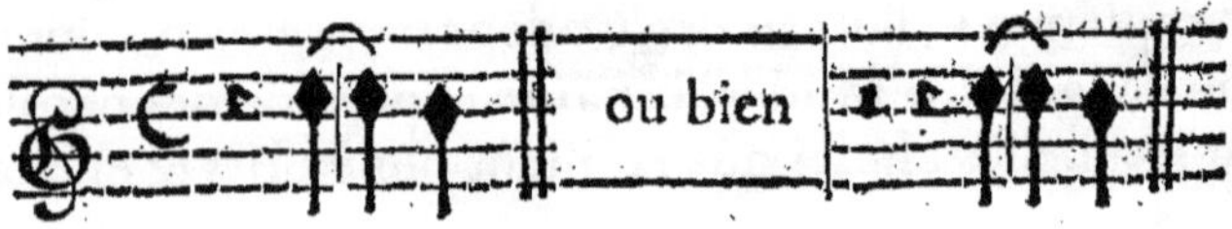

La troiſieſme qui ſe fait par quarts de meſure, ſe peut commencer ſur tous les quarts de ladite meſure.

Comme

Il y a auſſi deux ſortes de Syncopes dans la meſure ternaire autrement triple. L'vne qui ſe fait par des nottes de deux temps, & ſe commence tantoſt ſur le ſecond temps de ladite meſure, tantoſt ſur le troiſieſme.

Comme

L'autre ſe fait par des tiers de ladite meſure, & ſe commence tantoſt ſur la ſeconde partie du premier temps, tantoſt ſur la ſeconde partie du ſecond temps, & tantoſt ſur la ſeconde partie du troiſieſme temps.

Comme

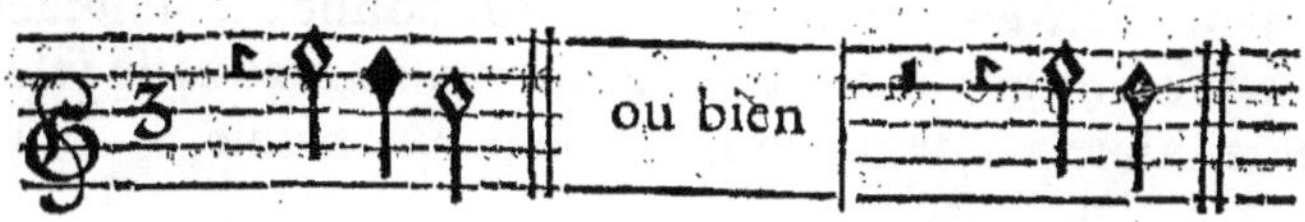

Il eſt à remarquer que la Syncope ſe pratique auſſi bien dans la partie de la Baſſe comme dans les parties Superieures, & qu'il faut rarement poſer, c'eſt à dire faire ſilence immediatement apres la Syncope.

De l'vsage des Dissonances auec les Consonances en general.

CHAPITRE III.

LEs Dissonances (comme il a esté dit cy-dessus) se meslent auec les Consonances en deux façons, à sçauoir Syncopées & non Syncopées.

Quand elles se font non-Syncopées, elles doiuent toujours estre precedées & suiuies de Consonance par degré conjoint tant en montant qu'en descendant, & aussi bien dans les parties Superieures contre la Basse, que dans la Basse contre les parties Superieures, si-bien qu'en faisant deux nottes dans vne partie Superieure contre vne seule notte de la Basse, ou dans la Basse deux nottes cõtre vne seule notte d'vne partie Superieure, la premiere note doit estre bonne, la seconde bonne ou mauuaise; mais faisant quatre nottes esgales contre vne seule, la premiere doit estre bonne, la seconde bonne ou mauuaise la troisiesme bonne, la quatriesme bonne ou mauuaise selon qu'elle sera suiuie par degré conjoint ou par interuale.

Exemples.

De la maniere de sauuer dans la partie Superieure la Seconde non-Syncopée, en montant par degré conjoint.

CHAPITRE IV.

Article premier.

TOute Seconde non-Syncopée estant precedée de l'Octaue se sauue en montant par degré conjoint de la Tierce mineure ou de la Tierce majeure.

Comme

De la maniere de sauuer aux parties Superieures la Seconde non-Syncopée en descendant par degré conjoint.

Article second.

LA Seconde non-Syncopée estant precedée de la Tierce mineure, se sauue en descendant par degré conjoint de tous les accords, horsmis de la Tierce mineure & Sixte mineure.

Comme

De la maniere de sauuer aux parties Superieures la Seconde non-Syncopée en descendant par degré conjoint.

Article troisiesme.

LA Seconde non-Syncopée estant precedée de la Tierce majeure, se sauue en descendant par degré conjoint de tous les accords, horsmis de la Tierce majeure & Sixte majeure.

Comme

EXCEPTION.

Ladite Seconde non-Syncopée estant precedée de la Tierce majeure, se sauue encores en descendant par degré conjoint de la Tierce majeure & de la Sixte majeure, pourueu que l'vne & l'autre soient suiuies en montant par degré conjoint, de la Tierce mineure, Sixte mineure, ou de l'Octaue.

Comme

Quand les Dissonances se font Syncopées, elles doiuent toujours estre liées auec vn bon accord, & suiuies immediatement en baissant par degré conjoint d'vn autre bon accord, comme les exemples le feront voir cy-apres.

De la maniere de ſauuer la Seconde Syncopée aux parties Superieures.

Article quatrieſme.

LA Seconde Syncopée aux parties Superieures, ſe ſauue en deſcendant par degré conjoint de tous les accords, horsmis de la Quinte.

Exemples de la Seconde Syncopée.

Apres auoir montré de quelle façon se sauue la Seconde tant Syncopée que non-Syncopée aux parties Superieures, il est à-propos de faire voir comme elle se sauue tant Syncopée que non-Syncopée dans la Basse.

De la maniere de sauuer la Seconde non-Syncopée dans la Basse en montant par degré conjoint.

Article cinquiesme.

LA Seconde non-Syncopée dans la Basse estant precedée d'vne Tierce mineure, se sauue en montant par degré conjoint de tous les accords, horsmis de la Tierce mineure & Sixte mineure.

Comme

De la maniere de sauuer la Seconde non-Syncopée dans la Basse en montant par degré conjoint.

Article sixiesme.

LA Seconde non-Syncopée dans la Basse estant precedée d'vne Tierce majeure, se sauue en montant par degré conjoint de tous les accords.

Comme

De la maniere de sauuer la Seconde non-Syncopée dans la Basse en descendant par degré conjoint.

Article septiesme.

LA Seconde non-Syncopée dans la Basse estant precedée d'vne Octaue se sauue en descendant par degré conjoint tant de la Tierce mineure que majeure.

Comme

De la maniere de sauuer la Seconde Syncopée dans la Basse.

Article dernier.

LA Seconde Syncopée dans la Basse, se sauue en descendant par degré conjoint de la Tierce mineure & majeure, & de la Sixte mineure & majeure.

Comme

De la maniere de sauuer la Quarte non-Syncopée, aux Parties Superieures, en montant par degré conjoint.

CHAPITRE V.

Article premier.

LA Quarte non-Syncopée estant precedée de la Tierce majeure, se sauue en montant par degré conjoint seulement de la Tierce mineure, de la Quinte, & de la Sixte mineure.

Comme

EXCEPTION.

Exception. La Quarte non-Syncopée se sauue encor en montant par degré conjoint de l'Octaue, pourueu que ce soit par mouuement contraire auec la Basse & à plus de trois Parties.

Comme

De la maniere de sauuer la Quarte non-Syncopée en montant par interualle.

Article second.

LA Quarte non-Syncopée en montant par interuale de Tierce, se sauue seulement de la Tierce mineure & majeure, de la Sixte mineure & majeure, pourueu que ce soit à plus de trois Parties, & que l'vne desdites Parties fasse vne Quinte toute entiere Syncopée pendant que la Quarte passe, ainsi que les exemples le feront voir. *Exception.*

Comme

EXCEPTION.

La Quarte non-Syncopée se sauue encore en montant de l'Octaue par interuale de Quinte, pourueu que ce soit à plus de quatre Parties, & que l'vne des Parties fasse vne quarte toute entiere Syncopée sur vne mesme notte de la Basse. *Exception.*

Comme

De la maniere de sauuer la Quarte non-Syncopée aux parties Superieures en descendant par interualle.

Article troisiesme.

LA Quarte non-Syncopée se sauue en descendant par interualle de Tierce seulement, de la Tierce mineure, de la Tierce majeure, & de la Quinte.

Comme

De la maniere de sauuer le Triton aux parties Superieures en montant par degré conjoint.

Article quatriesme.

LE Triton se sauue en montant par degré conjoint de la Tierce mineure & de la Sixte mineure.

Comme

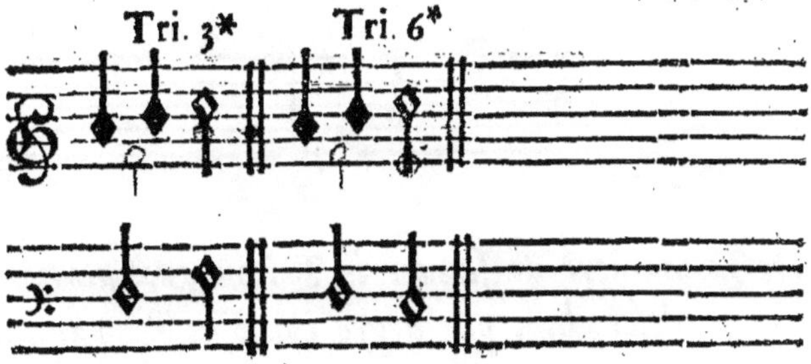

EXCEPTION.

Le Triton se sauue encore de la Tierce majeure, pourueu que ladite Tierce majeure soit suiuie en montant par degré conjoint de la Sixte miueure ou de l'Octaue. *Exception.*

Comme

EXCEPTION.

Exception.

Le Triton se sauue encore de la Tierce & Sixte majeure, pourueu que ladite Tierce & Sixte majeure soient suiuies en montant par degré conjoint de l'Octaue.

Comme

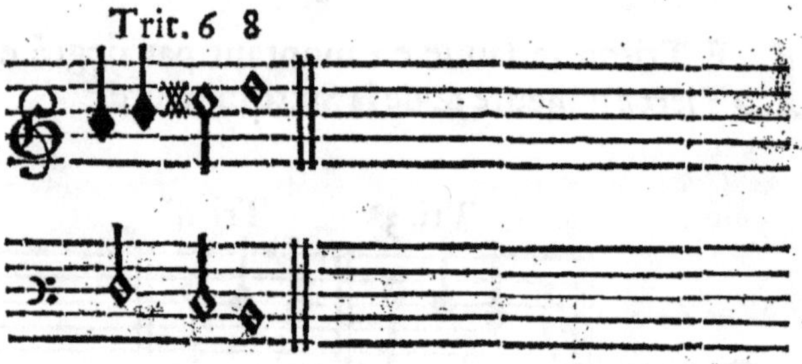

De la maniere de sauuer le Triton aux parties Superieures en descendant par degré conjoint & par interualle.

Article cinquiesme.

LE Triton se sauue tant en descendant par degré conjoint, que par interualle de la Tierce majeure.

Comme

Comme 

De la maniere de ſauuer la Quarte Syncopée aux parties Superieures.

Article ſixieſme.

LA Quarte Syncopée aux parties Superieures, ſe ſauue en deſcendant par degré conjoint de la Tierce mineure & majeure.

Comme 

La Quarte Syncopée aux parties Superieures, ſe ſauue encore, mais rarement, en montant par degré conjoint de la Tierce mineure.

Comme

*De la maniere de sauuer la Quarte Syncopée auec la fausse Quinte, laquelle fausse Quinte se connoistra par cette marque 5**

Article septiesme.

LA Quarte Syncopée auec la fausse Quinte aux parties Superieures, se sauue en descendant par degré conjoint de la Tierce majeure.

Comme

Il faut remarquer que la Quarte en cette rencontre se prenant pour bon accord, se lie auec la fausse Quinte & doit estre la premiere partie qui compose la Syncope : mais en ce cas là ladite Quarte doit estre soustenuë de la Sixte dans vne autre Partie, comme l'exemple le fait voir.

Le Triton se lie aussi auec la fausse Quinte, & se sauue de la mesme façon.

Comme

La Quarte se lie encore auec la Septiesme, & se sauue en descendant par degré conjoint de la Sixte.

Comme

De la maniere de sauuer la Quarte non-Syncopée dans la Basse en montant par degré conjoint.

Article huitiesme.

LA Quarte non-Syncopée dans la Basse, se sauue en montant par degré conjoint tant de la Tierce mineure que de la majeure.

Comme

De la maniere de sauuer la Quarte non-Syncopée dans la Basse en descendant par degré conjoint.

Article neufuiesme.

LA Quarte non-Syncopée dans la Basse se sauue en descendant par degré conjoint de tous les accords.

Comme

De la façon de sauuer la Quarte Syncopée dans la Basse.

Article dixiesme.

LA Quarte Syncopée dans la Basse se sauue de la Tierce mineure & majeure, de la Quinte, & de la Sixte mineure & majeure.

Comme

De la maniere de sauuer le Triton Syncopé dans la Basse.

Article dernier.

LE Triton Syncopé dans la Basse se sauue de la Sixte mineure, & encore de la Sixte majeure, pourueu que la Sixte majeure soit suiuie de l'Octaue en montant par degré conjoint. *Exception.*

Comme

Il faut remarquer que le Triton ne se Syncope jamais aux parties Superieures, mais bien dans la Basse.

De la maniere de sauuer la fausse Quinte non-Syncopée aux parties Superieures.

CHAPITRE VI.

Article premier.

LA fausse Quinte non-Syncopée estant precedée de la Sixte mineure, se sauue en descendant par degré conjoint de la Tierce mineure & majeure.

Comme

De la maniere de sauuer la fausse Quinte Syncopée aux Parties Superieures.

Article dernier.

LA fausse Quinte Syncopée se sauue en descendant par degré conjoint de la Tierce mineure, & de la Tierce majeure.

Comme

De la maniere de sauuer la Septiesme non-Syncopée aux parties Superieures en montant par degré conjoint.

CHAPITRE VII.

Article premier.

LA Seconde non-Syncopée se sauue en montant par degré conjoint de la Tierce mineure, & de la Tierce maieure; elle se sauue encore de l'Octaue lorsqu'elle est precedée d'vne Sixte majeure sans accident.

Comme

De la maniere de sauuer la Septiesme non-Syncopée aux parties Superieures en descendant par degré conjoint.

Article second.

LA Septiesme non Syncopée estant precedée de l'Octaue, se sauue en descendant par degré conjoint de tous les accords horsmis de l'Octaue.

Comme

De la maniere de sauuer la Septiesme Syncopée aux parties Superieures.

Article troisiesme.

LA Septiesme Syncopée se sauue en descendant par degré conjoint de tous les accords.

Comme

De la maniere de ſauuer la Septieſme non-Syncopée dans la Baſſe en montant par degré conjoint.

Article quatrieſme.

LA Septieſme non-Syncopée dans la Baſſe, ſe ſauue en montant par degré conjoint de tous les accords, hormis de l'Octaue.

Comme

De la maniere de ſauuer la Septieſme non-Syncopée dans la Baſſe en deſcendant par degré conjoint.

Article cinquieſme.

LA Septieſme non-Syncopée dans la Baſſe ſe ſauue en deſcendant par degré conjoint de la Tierce mineure, de la Tierce majeure, & de l'Octaue.

Comme

De la maniere de sauuer la Septiesme Syncopée dans la Basse.

Article dernier.

LA Septiesme Syncopée dans la Basse, se sauue de tous les accords horsmis de la Tierce.

Comme

Il faut remarquer que lorsque les Dissonances vont de bas en haut, tant dans les patties Superieures que dans la Basse, elles doiuent pour l'ordinaire estre suiuies en montant par degré conjoint d'vne Consonance: mais lors qu'elles viennent de haut en bas, elles doiuent estre suiuies en descendant par degré conjoint d'vne Consonance.

Comme

De la Fugue.

CHAPITRE VIII.

LA Fugue eſt vne imitation de Chant qui ſe fait entre les Parties, ſe ſuiuant les vnes les autres dans la partition Harmonique ou Arithmetique du Diapaſon, c'eſt à dire par la Quarte ou par la Quinte.

Il y a trois choſes principales à conſiderer dans la Fuge: La premiere eſt qu'elle ſoit entre toutes les Parties de meſme qualité, c'eſt à dire qu'elles ſe ſuiuent les vnes les autres par meſme couleur de nottes.

La Seconde que le ſujet en ſoit beau, afin que la repetition du meſme Chant qui s'y rencontre en ſoit moins ennuieuſe.

La Troiſieſme, que les Parties ſe ſuiuent de pres, neantmoins cette maxime ne ſe doit pas tellement garder qu'elle contraigne le deſſein du Compoſiteur.

TOVRNEZ POVR L'EXEMPLE.

Exemple de la Fugue à quatre.

De la Contre-Fugue.

CHAPITRE IX.

LA Contre-Fugue eſt vne contre-imitation de Chant, qui ſe fait entre les Parties ſe ſuiuant les vnes les autres par degrez oppoſez.

Continuation de la Fugue à quatre.

Les mesmes maximes qui se gardent en la Fugue, se doiuent encore obseruer dans la Contrefugue.

TOVRNEZ POVR L'EXEMPLE.

Exemple de la Contre-Fugue à Quatre.

De la double Fugue.

Chapitre X.

LA double Fugue n'est autre chose qu'vn sujet de Fugue plusieurs fois repeté dans chacune des Parties, tantost à la Quarte tantost à la Quinte; tantost d'vn mouuement tantost de l'autre; mais cette façon de composer ne se pratique que dans les Fantaisies pour l'Orgue, ou pour les Violes & Violons, comme j'ay autrefois entendu en Italie, & en Angleterre.

Il y a quantité de belles obseruations, tant dans les Fugues, Contrefugues, que dans les doubles Fugues, qui se peuuent remarquer dans les œuures des excellents Autheurs: Il suffit donc pour le present de donner quelque connoissance des ptincipales, attendant que j'en traite plus amplement dans vn autre endroit.

Du Silence.

Chapitre XI.

LE Silence (qu'on appelle poser en termes de Musique) sert particulierement pour les Fugues & Contrefugues, parce que les Parties qui se suiuent les vnes & les autres sont obligées de laisser passer celles qui vont deuant, & d'attendre conformément au dessein du Compositeur.

Le Silence sert encore pour prendre haleine, & pour la commodité de ceux qui chantent; en ce cas là il le faut faire dans la fin d'vne periode, ou d'vn sens parfait, & par vn bon accord; mais composant pour les Instruments, le Silence ne se fait pour l'ordinaire qu'apres vne Cadence.

Il est aussi quelque-fois necessaire pour la beauté de la Musique & pour diuers desseins, que deux ou trois parties parlent ensemble pendant que les autres font silence, & aprés se rejoindre toutes ensemble pour former vne plus grande harmonie, ce qui se rapporte en quelque façon à vne assemblée de quantité de gens, qui ayant raisonné les vns apres les autres sur quelque sujet proposé, viennent tous à vne mesme conclusion.

Des r'entrées.

CHAPITRE XII.

COmme le Silence ne se doit jamais faire sans raison, les r'entrées doiuent estre tellement à propos, qu'on puisse reconnoistre qu'elles augmentent non seulement l'harmonie; mais encores qu'elles contribuent tout à fait à l'embellissement du Concert.

Apres donc qu'vne partie aura posé, il faut qu'elle r'entre toujours par vn bon accord, & si faire ce peut par vne bonne relation auec la Basse, de mesme que la Basse doit aussi r'entrer par vne bonne relation auec la Partie qui aura tenu sa place pendant son Silence.

Enfin toute r'entrée doit auoir son dessein, soit pour commencer vne Fugue, ou pour en suiure vne autre qui aura desja esté commencée, si ce n'est dans la Musique à plusieurs Chœurs, & dans les Dialogues où il est seulement requis de se respondre par bonne relation.

Il faut encore remarquer pour les Voix, que les r'entrées se fassent dans le commencement ou d'vne periode, ou dans vne liaison d'vn sens parfait, qui est pour l'ordinaire vne conjonction.

Les

Les autres artifices de la Musique, comme les Recits, les Escos, la varieté des mouuemens, l'ordre des Cadences, la beauté des Chants, le meslange des Modes, la naïue expression des paroles ou des passions, dépendent du genie & de l'inuention du Compositeur, qui doit s'accommoder à la capacité & au nombre de ses Musiciens, considerer la disposition des lieux où il fait Concert, & principalement s'assujetir à l'expression de son sujet; toutes ces circonstances sont tres-necessaires pour bien reussir, & les mesmes obseruations qu'il faut garder pour les Voix peuuent encore seruir pour les Instrumens.

Ie feray voir des exemples de tous ces artifices, & en parleray plus amplement dans le Traité que je fais de la maniere qu'il faut garder composant à deux, à trois, à quatre, & à cinq.

FIN.

TABLE DES CHAPITRES contenus en ce Liure.

PREMIERE PARTIE.

SECONDE PARTIE.

TROISIESME PARTIE.

Table des Chapitres.

F I N.

Fautes suruenuës dans l'Impression.

PAge 24 ligne 5. Ton *lisez* Tons.

Page 27 l. 13. parfaits & imparfaits, *lisez* parfaites & imparfaites.

Page. 27. l. 14. les parfaits, *lisez* les parfaites.

Page 27. l. 18. parfaits, *lisez* parfaites.

Page 30. Art. 5. dans le premier Exemple de la Quarte.

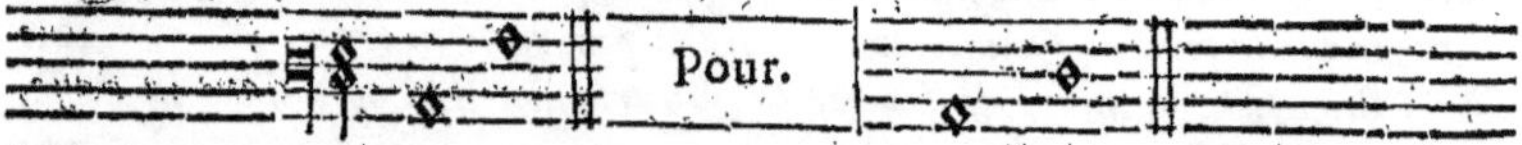

Page 32. Art. 8. dans le dernier Exemple de la Sixte mineure.

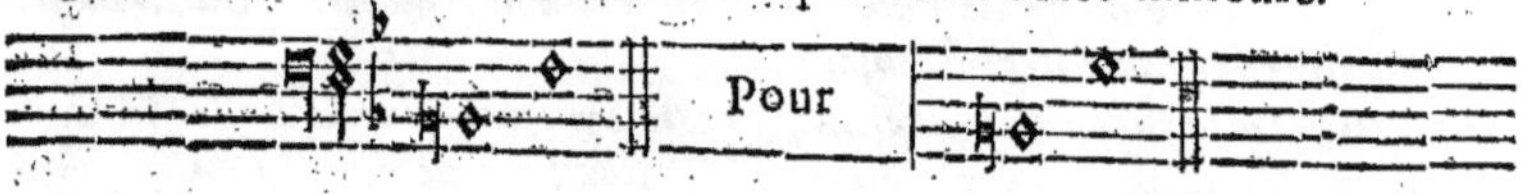

Page 32. Art. 10. dans le dernier Exemple de la Septiesme mineure.

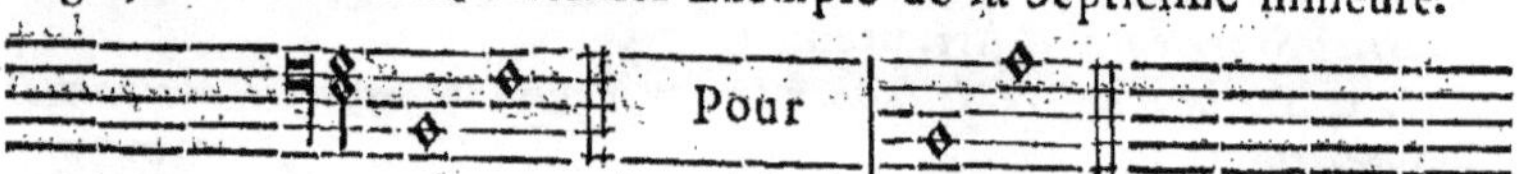

Page. 34. Art. 17. l. 2. huit degrez, *lisez* huit degrez qui font.

Page 45. dans le second Exemple des fausses interualles en descendant.

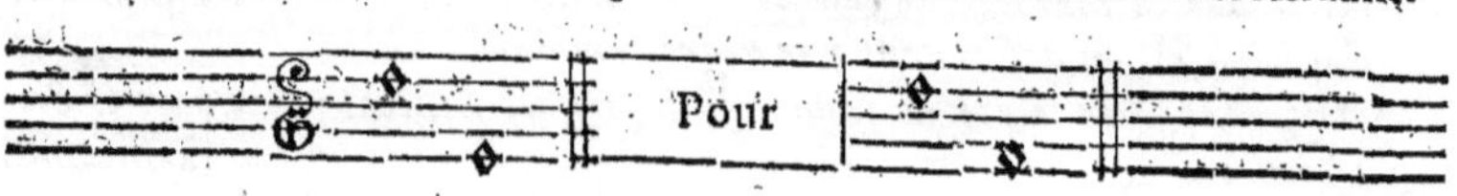

Page 47. l. 5. laiſſant *liſez* faiſant.

Page 48. dans le premier Exemple de la relation de la Quarte ſuperfluë.

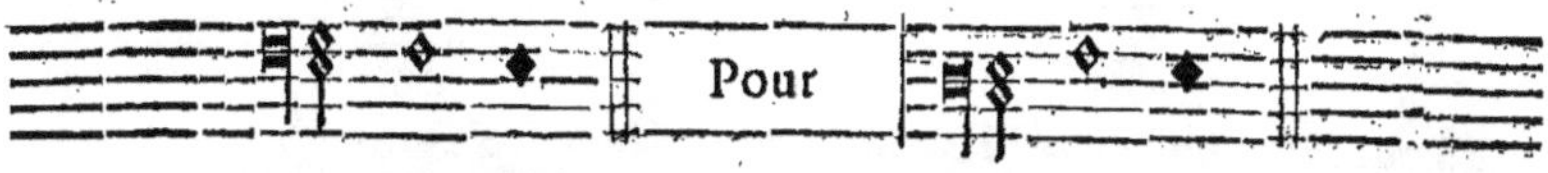

Page 50. dans le quatrieſme Exemple de la relation de la fauſſe Quinte, par accident *liſez* ſans accident.

Page 50. dans le cinquieſme Exemple qui ſuit.

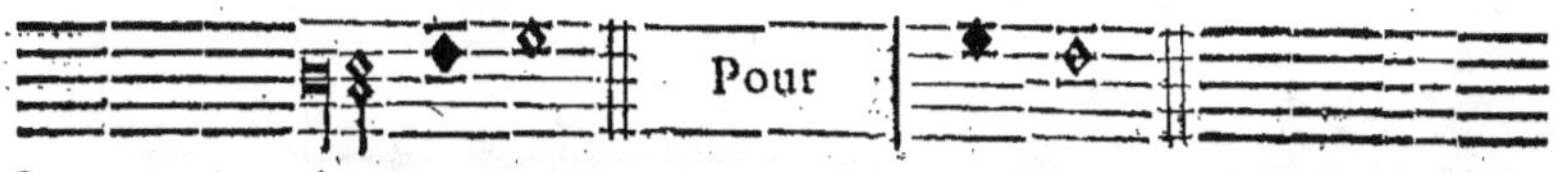

Page 55. dans les exceptions de la Tierce mineure.

Page 55. Art. premier dans le dernier Exemple.

Page 57. dans les Exemples des obſeruations des deux Tierces majeures pratiquées.

Page 58. l. 6. Sixte *liſez* Sixte majeure, l. 7. en ſuite Sixte *liſez* Sixte majeure.

Page 69. l. 3. en deſcendant *liſez* en montant.

Page 69. dans le dernier Exemple des Obſeruations pratiquées de la Sixte majeure.

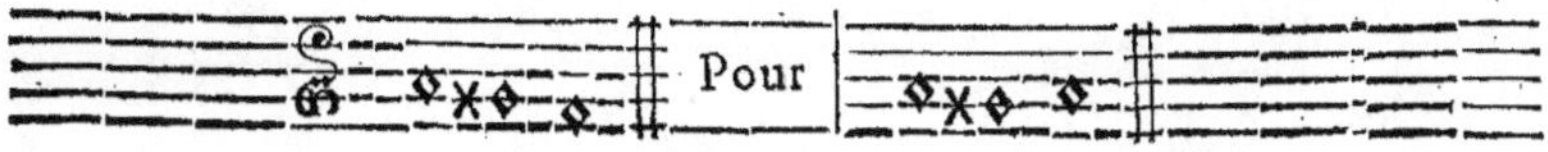

Page 69. Art. 3. dans le second Exemple.

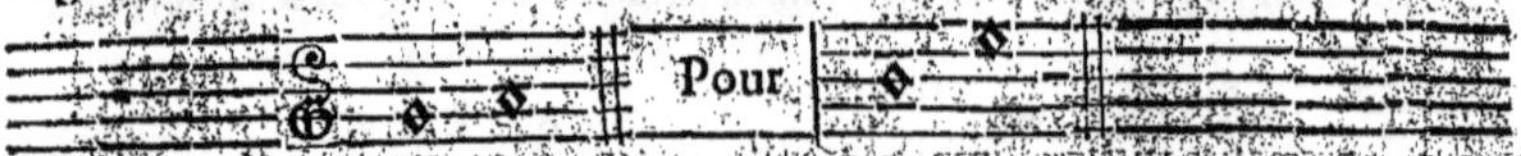

Page 76. dans le premier Exemple de la Cadence rompuë.

Page 76. dans le premier Exemple de la Cadence attendente.

EXTRAIT DV PRIVILEGE.

PAR grace & Priuilege du Roy, donné à Paris le 22. Sept. 1656. Signé, Par le Roy, de Monceaux. Il est permis au sieur de la Voye, de faire Imprimer vn Liure qu'il a fait, Intitulé, *Traicté de Musique pour bien & facilement apprendre à Chanter & Composer tant pour les Voix que pour les Instruments.* Iceluy faire vendre & debiter par tel Imprimeur ou Marchand Libraire qu'il voudra choisir, en telles marges, Caracteres, & autant de fois que bon luy semblera, pendant le temps & espace de cinq ans finis & accomplis, à compter du jour qu'il sera acheué d'imprimer pour la premiere fois : Defenses sont faites à toutes personnes de quelque qualité & condition qu'ils soient, de l'Imprimer, vendre ny debiter, en quelque sorte & maniere que ce soit, sans le consentement dudit sieur de la Voye, à peine de quinze cens liures d'amande, confiscation des Exemplaires, & de tous despens, dommages, & interests, à condition d'en fournir deux Exemplaires en la Bibliotecque du Roy, & vne en celle de Monseigneur le Chancelier : Veut sa Majesté en outre qu'en mettant au commencement ou à la fin dudit Liure vn Extrait du present Priuilege, foy y soit adjoustée comme à l'Original, nonobstant toute clameur & Lettres à ce contraires: ainsi qu'il est plus à plein porté par ledit Original.

Acheué d'Imprimer le 25. Septembre 1656. Et les Exemplaires ont esté fournis.

IV. ET DERNIERE PARTIE DE CE TRAITE' DE MVSIQVE.

CHAPITRE I.

AVANT que de parler de la maniere de compoſer à deux, à trois, à quatre, & cinq Parties. Il eſt ce me ſemble à propos de traitter en particulier des maximes neceſſaires pour faire vne belle Muſique.

Ie trouue donc qu'il y en a trois, qui ont entr'elles vne ſi grande connexité & dépendance, que l'vne manquant les deux autres ne manquent iamais de paroiſtre deffectueuſes & languiſſantes.

Ces trois maximes ſont le Contrepoint, la Modulation, & l'Inuention.

Du Contrepoint s'engendre l'harmonie qui se laisse conduire par la Modulation, en suite vient l'Inuention qui anime l'vne & l'autre, si bien que le Compositeur quelque sujet qu'il entreprene ne peut iamais bien reüssir qu'il ne se serue de ces trois maximes, particulierement dans les pieces d'apparat & de longue haleine.

Mais comme ce n'est pas assez à vn Peintre pour former vne belle figure que de sçauoir faire separément vn œil, vn nez, vne oreille, & les autres parties s'il n'a l'art d'en composer vn assemblage bien proportionné: de mesme ce seroit peu de chose à vn Compositeur de sçauoir simplement faire vne tierce, vne quinte, vne sixte, & les autres accords s'il n'a l'adresse & le iugement de les accommoder ensemble pour en faire vne belle harmonie: C'est dequoy il est important de parler.

De l'vsage du Contrepoint.

CHAPITRE II.

LE Contrepoint tant simple que figuré n'est autre chose que l'art de bien coucher les accords dans l'obseruance des regles, comme i'ay fait voir au second & au troisiesme Liure de ce traité:

mais afin de mettre toutes ces regles en vſage, & d'en former vne belle Harmonie: Il faut que le Compoſiteur (aprés s'eſtre proposé vn ſujet) s'eſtudie de partager ſi bien les accords que chaque partie ait le ſien particulier dans ſa propre eſtenduë : c'eſt à dire que le Deſſus ſoit touſiours plus haut que la Haute-Contre. & la Haute-Contre plus haute que la Taille, en ſorte que toutes ces parties eſtant diſpoſées comme par eſtage, ſe trouuent ſouſtenuës de leur baze & de leur fondement, qui eſt la Baſſe.

Mais en compoſant à deux, ou à trois, il faut obſeruer que l'vne des parties, ſelon le degré de ſon inferiorité, doit ſeruir de Baſſe à celles qui luy ſont ſuperieures ; c'eſt à dire que la Haute-Contre peut ſeruir de Baſſe au Deſſus, & la Taille peut ſeruir de Baſſe & au Deſſus & à la Haute-Contre.

Il y en a neantmoins & des plus excellens Maiſtres qui s'exemptent quelque-fois de l'obſeruation de cette regle ; mais c'eſt auec tant d'adreſſe & de diſcretion, qu'il ſeroit bien difficile de faire mieux pour leur deſſein, & meſme cette licence peut paſſer pour élegance ſelon quelle eſt priſe à propos.

Laiſſant à part le Contrepoint ſimple, ie ne pretend parler icy que du Contrepoint figuré, comme du plus parfait : mais ayant donné la deffinition de l'vn & de l'autre en leur lieu, ie me contenteray de dire que le Contrepoint figuré conſiſte dans la ſcience ou l'art d'vne iuste position des bons & mauuais accords meslez ensemble.

Encore qu'il n'y ait personne qui ne soit capable de la parfaite connoissance de l'vn & de l'autre Contrepoint : neantmoins entre tous ceux qui la peuuent auoir également, il se remarque vne si grande difference dans leur Composition, que les vns reüssissent tout autrement que les autres, quoy que tous se tiennent dans la mesme obseruance des regles & des preceptes qui leurs sont prescrits.

Cela vient à mon auis de la differente application des regles, & du tour qu'vn chacun leurs donne à sa fantaisie selon le plus ou le moins d'inuention.

Pour faire que l'Harmonie soit belle (comme i'ay pû remarquer dans les Partitions des bons Autheurs) il faut que les parties qui la composent ayent vne telle aysance qu'elles paroissent dégagées, de maniere que l'vne n'offusque pas l'autre, & que chacune se maintiene tousiours dans son estenduë naturele & raisonnable.

Il y a encore comme vne certaine tyssure d'accords qui se fait par des mouuemens contraires & opposez, qui contribuent beaucoup à la belle Harmonie, mais on n'en sçauroit donner de regles, & elle ne se peut bien apprendre que par vne longue pratique, ou par l'estude des Partitions des bons Autheurs.

L'vne des regles la plus generale & la plus infalsible est de faire en sorte que les parties superieures soient pour l'ordinaire de contraire mouuement auec la Basse.

Cette Harmonie qui se fait par le meslange & l'alliage des bons accords auec les mauuais peut bien fraper agreablement nos sens : mais pour s'introduire dans nostre esprit, & pour l'émouuoir, elle a particulierement besoin de la Modulation & de l'Inuention.

De la Modulation.

CHAPITRE III.

L'HARMONIE auec toute la pureté & la netteté de son Contrepoint ne pourroit iamais paroistre que morne & melancholique si la Modulation ne luy donnoit l'accés & la liberté de ses modes pour se promener & se diuertir dans les agreables parterres de toutes leurs Cadences.

Mais comme les modes (à ce que ie m'imagine) n'ont esté inuentez que pour exprimer les diuerses passions de nos ames, il semble qu'il y ait quelque rapport des six modes aux six passions principales qui naissent en nous : à sçauoir la Ioye & la Tristesse, l'Amour & la Hayne, l'Esperance & la Crainte.

Si bien que la parfaite connoissance de chaque mode en son particulier contribuë tout à fait au dessein que nous nous proposons de composer sur quelque sujet que ce soit.

Mais encore qu'en matiere de faire des Chants le naturel l'emporte tellement au dessus de l'art que sans son ayde il est presque impossible de reüssir: neantmoins l'art luy seruant comme de guide le conduit fidelement au beaux endroits, & le tient toûjours dans les limites prescrites hors desquelles il se pourroit souuent échaper.

La Modulation est donc comme la conductrice de l'Harmonie; mais l'Art & l'Inuention du Compositeur en est le guide.

Si bien qu'apres auoir fait choix du Mode propre à s'exprimer, il faut faire en sorte que l'Harmonie se promene dans toute l'estenduë qu'il contient, en ménageant si bien les Cadences, qu'il ne s'en rencontre iamais deux semblables, ou au mesme endroit qui soient proche l'vne de l'autre.

Il se trouue que dans la Partition harmonique de chaque Mode tous participent les vns des autres.

Le premier Mode (par exemple) dans sa diuision Harmonique a sa Cadence mediante commune auec la finale du troisiesme Mode, & sa dominante auec la finale du cinquiesme.

Le second Mode dans sa diuision harmonique a

ſa Cadence mediante commune auec la finale du quatrieſme Mode, & ſa dominante auec la finale du ſixieſme.

Le troiſieſme Mode dans ſa partition harmonique a ſa Cadence mediante commune auec la finale du cinquieſme Mode, & ſa dominante ſur vn endroit qui ne marque naturellement aucun Mode qui eſt le mi de ♭ fa ♮ mi.

Le quatrieſme Mode dans ſa diuiſion harmonique a ſa Cadence mediante commune auec la finale du ſixieſme Mode, & ſa dominante auec la finale du premier.

Le cinquieſme Mode dans ſa partition harmonique a ſa Cadence mediante ſur le mi de ♭ fa ♮ mi qui ne marque aucun Mode (& qui par conſequent n'eſt point en vſage) mais il a ſa Cadence dominante commune auec la finale du ſecond Mode.

Le ſixieſme ou dernier Mode dans ſa diuiſion harmonique a ſa Cadence mediante commune auec la finale du premier Mode, & ſa dominante auec la finale du troiſieſme Mode.

En obſeruant donc le rapport que tous ces Modes ont les vns auec les autres, il ſera fort facile (n'en déplaiſe à ceux qui veulent le contraire.) de paſſer d'vn Mode à l'autre, & ainſi ſe ſeruir de tous les Modes dans vne meſme Piéce (lors particulierement qu'elle eſt de longue haleine) ſans que l'oreille s'en puiſſe apperceuoir qu'auec delectatiõ : mais pour bien reüſſir il faut que le Mode dans lequel on veut paſſer ait ſes Cadences harmoniques (à ſçauoir mediantes ou dominantes) communes auec celles du mode duquel on veut ſortir & vſer de la meſme addreſſe pour paſſer de mode en mode, & enfin repaſſer ou reuenir dans le meſme mode d'où l'on eſt ſorty.

Il y a encore vne autre maniere de changer de mode dans vne meſme Piéce, qui ſe doit faire auec beaucoup d'adreſſe en paſſant de ♮ quarre en ♭ molle, & de ♭ molle en ♮ quarre, ſans aucune tranſpoſition de clef ny de nottes; mais ſeulement par la poſition des ♯ ♯ dieſis & de ♭ ♭ molles par exemple.

Du premier mode naturel qui eſt l'eſtenduë du diapaſon de l'vt de C ſol vt fa par ♮ quarre l'on peut (par le moyen des ♭ ♭ molles) entrer dans le ſecond & cinquieſme modes tranſpoſez.

Comme

Premier mode naturel.

Second mode tranſpoſé.

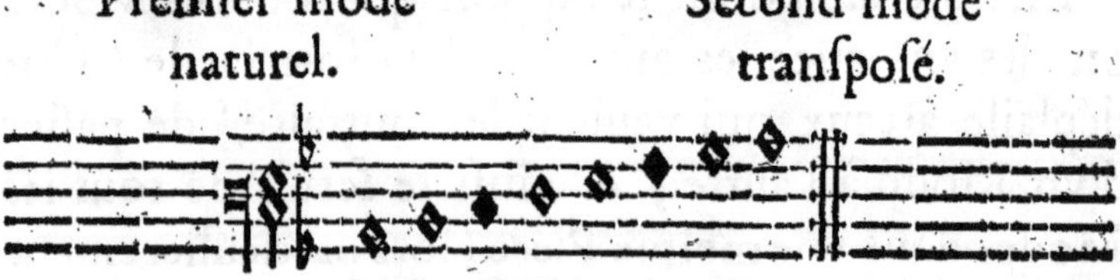

Cinquieſme mode tranſpoſé.

De

De mesme du second mode naturel qui est l'étenduë du Diapason du re de D la re sol par ♮ quarre l'on peut entrer par le moyen des ✕✕ diesis dans le premier & cinquiesme mode transposé.

Second mode naturel.

Comme 

Premier mode transposé.

Cinquiesme mode transposé.

De ce mesme second mode naturel l'on peut entrer par le moyen des ♭♭ mols dans le troisiesme & sixiesme mode transposé.

Comme 

Second mode
naturel.

Comme 

Troisiesme mode
transposé.

Sixiesme mode
transposé.

Par ces exemples du premier & second Mode naturel, il sera (ce me semble) fort facile de connoistre la maniere de moduler ou tourner les autres modes naturels, comme l'on jugera à propos, si bien qu'il ne reste donc plus qu'à donner des exemples des Modes transposez par ♭ mol.

Du premier mode transposé par ♭ mol qui est l'estenduë du diapason de l'vt d'f vt fa l'on peut entrer (par le moyen du ♮ quarre ou du ✕ diesis en ♭ fa ♮ mi) dans le quatriesme mode naturel.

Comme

Premier mode transposé.

Quatriesme mode naturel.

De ce premier mode transposé par ♭ mol l'on peut encore entrer par le moyen des ♭♭ mols dans le second & cinquiesme mode transposé.

Premier mode transposé par ♭ mol.

Comme

Second mode transposé.

Cinquiesme mode transposé.

Du second mode transposé par ♭ mol qui est l'estenduë du diapason du ré de g ré sol vt l'on peut entrer par le moyen des ♭♭ mols dans le troisiéme & sixiéme mode transposé.

Comme

Second mode
transposé par ♮ mol.

Comme

Troisiesme mode
transposé.

Comme

Sixiesme mode
transposé.

De ce mesme second mode transposé par ♮ mol l'on peut entrer par le moyen des ✳✳ diesis dans le premier & quatriesme mode transposé, & dans cinquiesme mode naturel.

Comme

Second mode
transposé par ♮ mol.

Premier mode
transposé.

Comme

Quatrieſme mode naturel.

Cinquieſme mode naturel.

Il ſuffit de tous ces exemples pour faire voir par le moyen des ♭♭ mols & des ✕✕ dieſis la maniere de varier tous les modes chacun en ſon particulier, de ſorte que dans l'eſtenduë d'vne ſeule eſpece de diapaſon le Compoſiteur puiſſe facilement & dans vne agreable modulation promener le chant & l'harmonie ou ſon ſujet & ſon genie le porteront.

Comme il n'y a rien dans la Muſique qui touche dauantage que la modulation, il faut bien prendre garde de s'en ſeruir auec diſcretion, & auec beaucoup de jugement : Car lors qu'elle eſt menagée auec adreſſe elle ne manque iamais de ſurprendre agreablement l'oreille : mais au contraire quand on s'en ſert à contre-temps & hors de propos il n'y a rien de plus deſagreable ny de plus choquant.

De l'Inuention.

CHAPITRE IV.

QVELQVES effects que l'harmonie & la Modulation puissent produire, il y aura tousiours quelque chose à desirer, si l'Inuention ne leur preste la main pour regler leurs démarches, & animer leurs actions par le moyens de ses déguisements & de ses artifices, qui d'ordinaire rauissent nostre esprit & charment nos sens.

Les termes de Musique sont quasi tous sous la direction & dépendance de l'Inuention, comme les fugues, les contrefugues ou fugues renuersez, les imitations de chant, & les imitations de mouuement, les prolations, les points d'orgues ou tenuës, les contre-temps ou les Syncopes, les Echos, les poses ou le silence, les sorties & les rentrées, le stile narratif, & le stile recitatif, la varieté de mouuement en vn mesme temps, & le changement de mouuement dans vne mesme piece, les passages, les adoucissemens, & les vehemences ou animemens, la douceur des accords, & la dureté des dissonances, enfin mille & mille autres belles choses dont la difference des genies est capable, & que l'art ne peut pas enseigner.

Ie tacheray donc seulement de donner l'intelligence de tous ces termes, & de les expliquer à peu prés comme ils se doiuent entendre.

Pour le regard de la fugue & contre-fugue j'en ay donné des exemples dans la troisiesme Partie de ce Traité au Chap. VIII. & IX.

Imitation de Chant n'est autre chose qu'vne maniere de fugue qui se fait entre les parties, ou à l'vnisson ou à l'octaue.

Imitation de mouuement est lors que les parties se suiuent par mesme valeur de nottes sans neantmoins s'assujettir à la fugue : & cette imitation a fort bonne grace quand elle se peut faire non seulement par mesme valeur de nottes ; mais encore par contraire mouuement entre les parties.

Prolation est proprement vne durée ou fusée de Chant sur vne des cinq voyelles de l'Alphabet qui se fait par vne suitte de nottes lentes ou legeres selon le dessein du Compositeur : on peut encore appeller la Prolation vne maniere de passages. Prolation

La Prolation n'a pas mauuaise grace quand elle n'est point trop longue, & quelle se fait entre les parties par imitation de mouuement : mais il faut prendre garde que ce soit sur vne des voyelles dont la prononciation se trouue commode au chant, & agreable à l'oreille, comme l'a l'e & l'o, ou que ce soit sur les syllabes composées de ces trois voyelles.

Le point d'orgue ou tenuë est lors que la Basse tient ferme sur vne mesme notte & qu'en mesme temps les parties superieures se promenent & raisonent ensemble, ou bien quand les parties tiennent ferme & que la Basse se promeine.

Il y a encore vne autre façon de point d'orgue qui est lors qu'au milieu d'vne Piéce toutes les parties cessent ensemble sur vn endroit qui ne termine point la Cadence; mais se tiennent toutes en estat de suiure le dessein du Compositeur.

Contre-temps est lors qu'au lieu d'obseruer la mesure dans sa partition ordinaire, on la partage auec des nottes coupées ou syncopées, qui fait que l'harmonie semble marcher comme par sauls, en sorte quelle tient tousiours l'oreille en suspend & en attente.

Echo n'est autre chose qu'vne imitation de chant qui se fait à l'vnisson, & à vne, deux, ou trois nottes proche l'vne de l'autre; Les Echos ne se pratiquent gueres que sur les instrumens, ce n'est pas que ie n'en aye entendu plusieurs fois en Italie par des voix qui surprenoient fort agreablement: Ils se doiuent faire pour les Instrumens de nottes fort legeres; mais pour les voix, il y faut garder de la moderation; c'est à dire que les nottes ne soient ny trop lentes ny trop legeres.

L'on dit en commun Prouerbe qu'il vaut mieux se taire

ſe taire que de mal parler: de meſme dans la Muſique les poſes, ou le ſilence en quelques-vnes des Parties (lors que l'occaſion le demande) eſt beaucoup plus agreable qu'vn grand bruit facheux & importun.

Mais comme le ſilence dépend de la fantaiſie du Compoſiteur, on n'en peut pas donner des regles certaines, il faut donc auoir recours à l'eſtude des partitions des bons Autheurs, où l'on pourra remarquer qu'ils s'en ſeruent à pluſieurs fins, & pour pluſieurs raiſons; car ils ont quelquefois pour objet la varieté de l'harmonie, & alors ils font quelques poſes pour former vn deſſein, *ou d'vn Recit, ou d'vn Duo, ou d'vn Trio*, &c.

Ils ſe ſeruent encore du ſilence non ſeulement afin que les parties ſe repoſent alternatiuement les vnes aprés les autres; mais de plus pour leur donner de l'ayſance, & faire paroiſtre quelque beau trait de Muſique, qui autrement ſeroit comme eſtouffé par la quantité des parties qui le couuriroient.

Il y a encore vn autre ſorte de ſilence, qui pour eſtre ſurprenant n'en eſt pas moins agreable: Il ſe fait lors que toutes les Parties ſe taiſent enſemble dans vn contre-temps, ou (par maniere de dire) hors d'œuure.

Il faut bien prendre garde que les poſes ou le

silence ne vienent pas ny de la sterilité, ny de l'ignorance du Compositeur ; mais bien de son jugement & de son œconomie, afin que l'harmonie estant complete & parfaite ne paroisse pas si nuë qu'on luy puisse voir aucune partie honteuze.

Il est à remarquer qu'on ne pose iamais sur la moitié d'vn mot, ny mesme hors d'vn sens parfait, Mais qu'il faut que les poses soient dans la Musique ce que sont les points & les virgules dans l'oraison & dans le discours.

Sortie est lors que plus ou moins de parties se détachent separément de plusieurs grands Chœurs pour s'y venir rejoindre, & y rentrer auec dessein.

Rentrée se peut considerer en deux façons, la premiere est lors qu'vne ou plusieurs parties aprés auoir posé quelque-temps reprenent leur dessein, & se reünissent au Concert quelles auoient laissé.

La seconde est lors qu'vne ou plusieurs parties aprés s'estre détachées prenent l'occasion de se rejoindre aux parties qui les attendent, & qui font comme vne maniere de halte pour les receuoir.

De quelque façon que l'on considere les rentrées il faut qu'elles se fassent non seulement par bonnes relations auec les parties qui les reçoiuent ; mais encore qu'elles se fassent (si faire se peut) par quelque corde essensielle du mode dont l'on traitte, & que le sens des parolles qui commence les rentrées ne soit point estropié, mais significatif, & dans la liayson d'vne juste Syntaxe.

Le stile narratif se fait par vne seule partie ou par vne seule voix ; mais le chant doit estre plus parlant que chantant : & comme ce stile a plus de force, & d'énergie que le recitatif, l'on s'en sert pour les *Tragedies, Comedies & Histoires.*

Il est encore fort propre *pour commander, pour exorter, & pour menacer.*

Le stile recitatif se fait aussi par vne seule voix ; mais auec cette difference qu'il a plus de moderation, & de douceur, outre que le beau chant y doit estre beaucoup plus obserué qu'au naratif.

Il s'employe particulierement à exprimer les passions comme *la Ioye, l'Amour, la Tristesse, & la Crainte.*

La varieté de mouuements dans vn mesme temps est lors que composant à plusieurs parties, les vnes marchent lentement pendant que les autres marchent plus viste, quoy que ce soit sous vne mesme mesure, comme il se voit dans les Piéces qui sont faite sur vn plain chant.

Mais le changement de mouuement dans vne mesme piéce est lors que l'on passe de la mesure binaire dans la mesure ternaire, & de la ternaire dans la binaire selon que les paroles le demandent.

L'on peut encore sous vn mesme signe ou vne

mesme mesure changer de mouuement en faisant des nottes lentes ou legeres, ou bien en retardant, ou doublant la mesure.

I'ay desia fait entendre ce que c'est que passages, je diray donc seulement que l'Inuention s'en sert auec beaucoup de grace, particulierement dans les Instruments ; mais il faut que ce soit pour quelque dessein, & qu'ils se suiuent en toutes les parties.

Les Italiens ont trois termes dans leur Musique que nous n'auons pas ; à sçauoir *Adagiô*, *Pianô*, *e Fortè*.

Adagiô est ralentir la mesure.

Pianô est adoucir la voix.

Fortè est pousser la voix auec vehemence.

Ils se seruent de ces artifices & galanteries en toutes sortes de Musique fort adroitement aussi bien que nous, lors que batant vne mesure viste tout d'vn coup ils la ralentissent, & lors que dans vn grand bruit ils s'aduisent d'adoucir les voix pour quelque temps, puis les poussent auec vehemence : Ie ne trouue point en nostre langue d'autres mots pour m'exprimer *qu'adoucissement, vehemence, ou animement.*

La douceur des accords est vne harmonie affectée qui se peut appeller melodie comme sont les beaux faux-bourdons.

Cette façon de Musique quoy que simple ne laisse pas que d'auoir ses charmes & ses beautez, qui dépendent du choix que le Compositeur doit faire de certaines cordes qui rendent l'harmonie deuote & gratieuse.

Il n'y a rien de plus touchant dans les sujets tristes & lugubres, & dans les expressions de langueur & de douleur, que la dureté des dissonances meslée auec la Cromatique ; mais il faut que l'assaisonement en soit fort judicieux.

Outre que presque chaque espece de composition de Musique prend sa difference de la varieté des mouuements, je tiens que le Compositeur en doit auoir vne parfaite connoissance puis que c'est comme la principale Machine qui fait mouuoir tout le corps de l'Harmonie selon son dessein.

Il faut donc remarquer que dans les deux sortes de mesures, à sçauoir la mesure binaire, & la mesure ternaire tous les mouuements de chaque espece de composition y sont compris.

Les choses graues conuiennent particulierement à la mesure binaire comme *les Motets*, *les Paroles serieuses*, *des Airs*, *les Pauanes*, *Allemandes*, *Fantaisies*, *Branles simples*, &c.

La mesme mesure binaire batuë legerement sert encore pour *les Gigues*, *Bourées*, *Gaillardes*, *Gauotes*, *Branles de Montirandé*, *Vaudeuilles*, *Airs de Balets*, &c.

Quand à la mesure ternaire l'on s'en sert aussi

dans les Motets, & dans les airs à chanter, qui demandent de la gayeté, dans les Gaillardes, Voltes, Courantes, Sarabandes, Passecailles, Chacones, Branles gays, Branles à mener, Branles doubles, & dans les airs de Balets selon les entrées des Personnages qui doiuent dancer.

Faisant vne recapitulation de toutes les choses dont i'ay parlé cy-dessus, l'on pourra remarquer que le Contrepoint n'est autre chose qu'vne tissure & vne nuansse de bons & mauuais accords, d'où se forme l'Harmonie, qui pour se promener, trace & designe ses démarches sur la modulation qui luy sert comme de carte: mais afin de se vestir & se parer à l'aduantage, elle prend des habits, des enjoliuements dans le Magazin de l'Inuention qui ne luy laisse manquer de quoy que ce soit propre à son dessein.

De la maniere de Composer à deux, & des obseruations qui s'y doiuent garder.

CHAPITRE V.

AYANT fait voir dans la seconde & troisiesme partie de ce Traité toutes les regles, & tous les preceptes que les plus excellents Autheurs nous ont laissez pour la juste construction du Contre-point simple & figuré, je ne pretend maintenant parler que des Obseruations les plus remarquables & importantes qu'ils ont faites sur le Contrepoint figuré, qui est celuy dont l'harmonie se sert pour paroistre auec plus de pompe & plus d'éclat.

Premiere Obseruation.

C'est vne maxime generale qu'en toute sorte de Musique, & en toutes sortes de Piéces tant vocales qu'instrumentales composant à plusieurs parties, vne des parties, soit celle qui commence, ou celle qui suit, doit faire son entrée par la notte, ou par la corde finale du mode, dont l'on traite, excepté lors que l'on fait vn Chant ou vn sujet dépoüillé de parties; Car en ce cas là le Chant ou le sujet se peut commencer par la notte, ou par la corde, qui marque l'vne des trois Cadences harmoniques du mode, à sçauoir la finale, la mediante, ou la dominante.

Seconde Obseruation.

Moins il y a de distance entre les sons, ou les accords, & plus l'harmonie à d'effet & de grace, c'est (à mon auis) pour cette raison que d'ordinaire le *Duo* se fait par les parties qui ont entre-elles plus de proximité comme le Deſſus auec la Haute-Contre, la Haute-Contre auec la Taille, & la Taille auec la Baſſe. Neantmoins la neceſſité de s'accommoder au ſujet, ou à ceux qui executent, oblige quelquefois de faire autrement, & en ce cas là l'Obſeruation n'a point de lieu.

Troiſieſme Obſeruation.

Dans le *Duo* il faut que le Contrepoint ſoit net & ſerré, & pour cet effet il eſt important qu'il ſoit tellement figuré que l'on n'y puiſſe qu'auec difficulté trouuer du lieu pour y loger vne troiſieſme Partie: ſi ce n'eſt lors que l'on veut imiter les Italiens, qui par galanterie font le plus ſouuent marcher enſemble deux parties à la tierce l'vne de l'autre ſur vne Baſſe Continuë: Ie ne trouue pas que cette façon de Muſique ſoit deſagreable quand l'on s'en ſert à propos, comme dans les paſſages ou dans les prolations.

Quatrieſme Obſeruation.

Compoſant à deux l'on ſe peut ſeruir de tous les accords tant bons que mauuais, Syncopez, ou non Syncopez; mais il faut prendre garde de ne faire jamais d'vniſſon ſi ce n'eſt quelquefois aux Cadences.

Il

Il faut de plus tant que l'on pourra euiter *l'Octaue* si ce n'est aux Cadences ou bien en passant fort legerement sur la derniere moitié d'vne notte.

Cinquiesme Obseruation.

Il est de la Musique comme des autres Sciences ou les Professeurs ne tombent jamais generalement d'accord de tout ce qui en dépend.

Dans la Musique les vns veulent que tout point soit bon, les autres (au contraire) le font indifferemment bon ou mauuais (supposé qu'il soit syncopé)

Les plus scrupuleux ne veulent pas que l'on prononce aucune syllabe sur vn mauuais accord à moins qu'il ne soit syncopé, les autres n'en font point de difficulté.

Les vns admettent les fausses relations les autres les fuyent comme vn precipice.

La plus grand part ne veulent pas que l'on monte par degré conjoint de la Tierce & de la Sixte à l'Octaue à moins que l'vne & l'autre ne soient Majeures.

Il s'en trouue d'autres qui disent que pour varier l'harmonie, ou pour tromper l'oreille, il les faut faire tantost Majeures tantost Mineures selon que l'on le juge à propos.

Pour moy crainte de me tromper je ne prend aucun party en toutes ces differentes opinions: mais j'en laiſſe le jugement à ces excellents Maiſtres & celebres Compoſiteurs qui ſont continuellement dans l'vſage & dans la pratique de ce bel Art.

Ie diray ſeulement en paſſant que tout le conſeil que je pourrois donner pour le *Duo* ſeroit de le tenir touſiours dans ſes limites, de l'aſſujettir à l'vſage des belles regles auec vne ayſance & vne netteté de Contrepoint, & enfin de conduire la modeſtie de ſon harmonie accompagnée de quelque trait d'Inuention dans tous les beaux endroits de ſon Mode.

Toutes ces choſes eſtant donc bien conſiderées je ne trouue rien dans la Muſique qui ſoit de plus difficile entrepriſe que de vouloir faire vn bon *Duo*.

De la maniere de Composer à trois, & des Obseruations qui s'y doiuent garder.

CHAPITRE VI.

COMME le *Trio* occupe dauantage de parties que le *Duo*, il est bien raisonnable qu'il ayt ses limites moins bornées & vn peu plus de priuilege, tellement que ce qui seroit tout à fait deffendu à deux parties est quelquefois permis à trois.

Premiere Obseruation.

Il faut prendre garde en composant à trois que chaque partie ait son accord particulier sans qu'il soit permis en quelque façon que ce soit de faire de suitte dans vne mesme partie, *ny deux Quintes ny deux Octaues* : mais l'on peut bien faire jusques à trois Tierces & trois Sixtes pourueu qu'elles soient de differentes especes ; c'est à dire entremeslées de Majeures & de Mineures, ou de Mineures & de Majeures.

Seconde Obseruation.

L'vnisson ne se fait que rarement, & mesme il

faut que ce ſoit comme en paſſant ou ſur la derniere moitié d'vne notte.

Il y en a beaucoup meſme qui s'abſtiennent de faire l'Octaue & ne s'en ſeruent que dans vne neceſſité comme dans les Cadences, ou lors qu'ils ne la peuuent éuiter comme dans les fugues ou dans quelqu'autre deſſein.

Troiſieſme Obſeruation.

Il ne faut pas qu'il ſe faſſe entre les parties aucune diſſonance ou mauuais accord qu'il ne ſoit jmmediatement ſauué d'vn bon par degré conjoint.

Les deux Quartes de ſuitte entre les parties y ſont auſſi deffenduës à moins d'vne extréme obligation.

Quatrieſme Obſeruation.

La *Quarte* paſſant quelquefois pour bon accord doit eſtre ſouſtenuë & accompagnée (dans vne autre partie) d'vne Sixte majeure ou mineure.

La *Quarte* conſiderée encore pour bon accord ſe peut lier & ſyncoper auec *la fauſſe Quinte & la Septieſme* en ſauuant la premiere, *de la Tierce, & l'autre de la Sixte, ou d'vn autre bon accord* par degré conjoint.

Cinquiesme Obseruation.

L'on peut encore faire vne Syncope toute entiere d'vne *Quarte sauuée de la Tierce* ; & quelquefois, (mais rarement) la Syncope se fait aussi *d'vne Septiesme toute entiere sauuée de la Sixte.*

Sixiesme Obseruation.

Comme en composant à trois tous les mauuais accords tant syncopez que non syncopez doiuent estre pour l'ordinaire soustenus dans vne autre partie de quelque bon accord : j'ay remarqué que le plus souuent & pour le mieux la *Quarte* est soustenuë *de la Sixte*, & la *Septiesme de la Quinte*, de sorte que l'harmonie qui se rencontre entre les deux parties superieures modere en quelque façon la dureté qui se fait contre la Basse.

Il y a encore vne infinité de petites Obseruations, qui ne se peuuent découurir que par vne longue pratique ou dans les differentes partitions des celebres Compositeurs, c'est ou je renuoye ceux qui desirent auoir vne parfaite connoissance de ce bel Art, & cependant obseruer dans le *Trio* que les parties marchent desgagées les vnes des autres, & quelles se suiuent auec dessein soit par fugue ou contrefugue, ſoit encore par imitation de chant ou par imitation de mouuement: mais lors quelles ſe rencontrent comme raliées enſemble, il eſt important que l'harmonie ſoit accompagnée de quelque beaux traits de Contrepoint, ſi ce n'eſt que le ſujet oblige à quelqu'autre choſe.

De la maniere de compoſer à quatre, & des Obſeruations qui s'y doiuent garder.

CHAPITRE VII.

PLVS il y a de parties & moins il ſe rencontre d'obligation, ce n'eſt pas pourtant que le *Quatuor* auſſi bien que le *Trio* & le *Duo* n'ait ſes bornes & ſes limites deſquelles il ne peut s'emanciper ſans contreuenir aux regles qui luy ſont preſcrites.

Premiere Obſeruation.

Il faut que le *Quatuor* ait touſiours ſon harmonie complete; c'eſt à dire, *l'Octaue, la Quinte, & la Tierce*, ſans qu'il ſoit permis de faire *deux Octaues & deux Quintes*, de ſuitte dans vne meſme partie ſi ce n'eſt par contraire mouuement auec la Baſſe, & encore faut il que ce ſoit fort rarement, & jamais ſans quelque deſſein.

Seconde Obseruation.

Il faut prendre garde qu'il ne se rencontre *deux Quintes* entre les parties à moins que l'vne des deux ne soit fausse.

Troisiesme Obseruation.

Les plus religieux ne veulent pas aussi que l'on fasse entre les parties plusieurs Quartes de suitte: mais ceux qui sont moins scrupuleux les tolerent pourueu que l'occasion y oblige.

Quatriesme Obseruation.

Pour le regard des fausses relations je n'en diray autre chose sinon que j'en exempte qui voudra, ou qui pourra.

Cinquiesme Obseruation.

Composant à quatre il faut s'abstenir tant que l'on pourra de faire des *Vnissons*, soit entre les parties ou contre la Basse, si ce n'est aux Cadences.

Sixiesme Obseruation.

S'il arriue que l'on double quelque accord il faut que ce soit *la Tierce*, *la Quinte*, *ou la Sixte*, & jamais *l'Octaue*, si ce n'est aux Cadences, ou à la fin de quelque piéce.

Septiesme Obseruation.

Il faut encore prendre garde en doublant les accords que ce soit si faire ce peut en passant, ou sur la derniere moitié d'vne notte.

Huictiesme Obseruation.

L'on ne doit point doubler *les Tierces ny les Sixtes, qui sont faites Majeures ou Mineures par accident*, c'est à dire, *Majeures par le* ♯ *diesis ou* ♮ *quarre*, *&* *Mineures par le* ♭ *mol.*

L'on ne double point encore que tres-rarement le bon accord qui sauue le mauuais Syncopé.

Neufiesme & derniere Obseruation.

Ie tiens que l'Harmonie dépend beaucoup de la disposition des parties ; car lors qu'elles sont trop éloignées

éloignées les vnes des autres, on y remarque vn certain vuide qui ne satisfait pas entierement l'oreille, & lors qu'elles sont aussi trop pressées il ne s'entend qu'vn murmur confus qui en obscurcit tout à fait l'éclat & la beauté.

Il est donc necessaire que le Compositeur s'estudie soigneusement à disposer ses parties dans vne proportion si raisonnable que l'Harmonie y puisse trouuer toute sa commodité.

De la maniere de Composer à cinq, & des obseruations qui s'y doiuent garder.

CHAPITRE VIII.

LA disposition des parties qui composent la Musique à cinq, & pour l'ordinaire de quatre manieres differentes dont le choix dépend de la volonté, & du dessein du Compositeur.

Premiere Obseruation.

La premiere disposition est,
De deux Dessus esgaux.
D'vne Haute-Contre.
D'vne Taille.
Et d'vne Basse.

Seconde Obſeruation.

La ſeconde eſt,
D'vn Haut-Deſſus.
D'vn Bas-Deſſus.
D'vne Haute-Contre.
D'vne Taille.
Et d'vne Baſſe.

Troiſieſme Obſeruation.

La troiſieſme eſt,
D'vn Deſſus.
D'vne Haute-Contre.
De deux Tailles eſgalles.
Et d'vne Baſſe.

Quatrieſme Obſeruation.

La quatrieſme eſt,
D'vn Deſſus.
D'vne Haute-Contre.
D'vne Haute-Taille.
D'vne Baſſe-Taille.
Et d'vne Baſſe.

Cinquiesme Obseruation.

Toute la plus grande Harmonie qui se fasse n'est jamais composée que de trois accords redoublez, si bien qu'il est impossible de composer à *Cinq* que deux parties ne fassent en mesme temps vn mesme accord, à sçauoir *l'Octaue*, *la Quinte ou la Tierce.*

Il est à remarquer en passant *que la Sixte tient quelquefois lieu de la Quinte*, & qu'en cette rencontre elle se peut encore doubler.

Sixiesme Obseruation.

Dans la necessité de doubler les parties en composant à *Cinq*, il faut remarquer pour la beauté & pour la multiplicité de l'Harmonie *que l'accord se doit doubler plustost à l'Octaue qu'à l'Vnisson.*

Septiesme Obseruation.

C'est vne maxime generale que ce qui est permis composant à peu de parties se doit faire à plus forte raison composant à beaucoup: C'est pourquoy je ne voy pas qu'il soit fort necessaire de repeter icy les choses dont j'ay desia fait mention en d'autres endroits, je me contenteray seulement de dire que pour donner lieu de faire bien chanter les Parties composant *à cinq, à six, ou à plus*, il faut que la Basse qui en est le fondement soit disposée *par certains interualles* entre lesquels les parties puissent trouuer jour pour se glisser auec aysance dans toute l'estenduë de leurs voix.

Voyla ce me semble en general & en particulier les principales Obseruations qui se doiuent garder en toute sorte de Musique, *soit vocale, soit Instrumentale, & en toute sorte de Composition*, je veux dire à *moins ou à plus de parties.*

Aprés donc que l'estude & le soin auront fait vn amas de regles, de preceptes, de connoissances, & d'obseruations; il est necessaire que le jugement en soit le directeur & l'œconome, afin de les ménager auec discretion, & de tenir nostre genie comme par la main pour le conduire seurement dans la distribution aussi bien que dans l'espargne des choses propres & conuenantes aux sujets qui se presenteront.

Mais afin de ne laisser que le moins que je pouray à desirer, je tâcheray de mettre au jour quelques Ouurages de ma façon, non seulement en parties separées; mais encore en partition, où l'on pourra faire beaucoup de remarque sur quantité de choses dont j'ay parlé en ce present Traité.

Fin de la quatriesme & derniere Partie.

TABLE DES CHAPITRES
Contenus dans la Quatriesme Partie de ce Traité.

CHAPITRE I.

PRIVILEGE DV ROY.

LOVIS PAR LA GRACE DE DIEV, ROY DE FRANCE ET DE NAVARRE, A nos amez & feaux Conseillers les gens tenans nos Cours de Parlement, Maistres des Requestes ordinaires de nostre Hostel, Baillifs, Seneschaux, Preuosts, leurs Lieutenans, & à tous autres nos Iusticiers & Officiers qu'il appartiendra. SALVT, Nostre cher & bien amé le Sieur de la Voye nous a fait remonstrer qu'il a fait vn *Traité de Musique, reueu & augmenté de nouueau d'vne quatriesme Partie, contenant plusieurs choses curieuses & tres-vtiles au Public, pour la Composition tant Vocale qu'Instrumentale*, lequel l'exposant desireroit mettre en lumiere, & à ces fins nous a tres-humblement requis luy octroyer nos Lettres sur ce necessaires, A CES CAVSES Nous auons permis & permettons par ces presentes audit Exposant, ses heritiers ou ayant droict de luy, de faire imprimer, vendre & debiter en tous les lieux de nostre obeïssance ledit *Traité de Musique, reueu & augmenté de nouueau d'vne quatriesme Partie*, par tel Imprimeur qu'il voudra choisir, en telles marques, & tels caracteres, & autant de fois que bon leur semblera, durant dix années entieres & accomplies, à compter du jour qu'il sera acheué d'imprimer pour la premiere fois, & faisons tres-expresses deffenses à toutes personnes de quelque qualité & condition qu'elles soient, & à tous Libraires, Imprimeurs ou Graueurs, mesmes à ceux qui ont des Priuileges particuliers de l'imprimer ny faire imprimer, vendre ny debiter durant ledit temps, sous pretexte d'augmentation, correction, changement de titre, fausses marques ou autrement, en quelque sorte & maniere que ce soit sans le consentement dudit Exposant, de ses heritiers, ou de ceux qui auront droit de luy, à peine de quinze cens liures d'amande, applicable vn tiers à Nous, vn tiers à l'Hostel Dieu de Paris, & l'autre tiers audit Exposant, de confiscation de tous les Exemplaires contrefaits, & de tous despens, dommages & interests, à condition qu'il sera mis deux Exemplaires dudit Liure en nostre Biblioteque publique, vn en celle de nostre tres-cher Cousin le Sieur Seguier Cheualier Chancelier de France, auant que de l'exposer en vente, à peine de nullité des presentes, du contenu desquelles Nous vous mandons que vous faciez joüir plainement & paisiblement ledit Exposant, ses heritiers ou ceux qui auront droit de luy, empeschant qu'il ne leur soit donné, ny fait aucun empeschement, VOULONS aussi qu'en mettant au commencement ou à la fin dudit Liure vn Extrait des presentes, elles soient tenuës pour deuëment signifiées, & que foy y soit adjoustée, & aux Coppies collationnées par l'vn de nos amez & feaux Conseillers & Secretaires, comme à l'original: MANDONS au premier nostre Huissier ou Sergent sur ce requis, de faire pour l'execution des presentes tous Exploits necessaires sans demander autre permission, Car tel est nostre plaisir, nonobstant clameur de Haro, Chartre, Normande & autres Lettres à ce contraires. DONNE' à Paris le treiziesme jour de l'an de grace mil six cens soixante, & de nostre regne le dix-huict.

Acheué d'Imprimer le troisiesme jour de Mars 1666. Et les Exemplaires ont esté fournis.

. RÉSE

www.ingramcontent.com/pod-product-compliance
Lightning Source LLC
Chambersburg PA
CBHW060432090426
42733CB00011B/2242